青少年法律知识实用问答

张扬 唐艺娟◎著

中国法制出版社
CHINA LEGAL PUBLISHING HOUSE

序　言

全民普法是全面依法治国的长期基础性工作。《中央宣传部、司法部关于开展法治宣传教育的第八个五年规划（2021—2025年）》指出，要持续提升公民法治素养，实行公民终身法治教育制度，把法治教育纳入干部教育体系、国民教育体系、社会教育体系。要加强国家工作人员法治教育，加强青少年法治教育，分层分类开展法治教育，根据不同的群体特点，开展有针对性的法治宣传教育活动，提高其依法维护权益的意识和能力。

在建设法治社会的大背景下，遇到问题通过法律途径解决已成为公民的习惯。在开展第八个五年法治宣传教育之际，我们根据社会需求，特别编写了本套“八五”普法实用问答丛书。本套丛书区分不同读者群体，分为以下7个分册：《公民常用法律知识实用问答》《领导干部法律知识实用问答》《公务员法律知识实用问答》《职工法律知识实用问答》《青少年法律知识实用问答》《企业法律知识实用问答》《农村法律知识实用问答》。

各分册以简明、易懂的问答形式，挑选与相关读者群体关系最为密切的主题，从实用的角度，有针对性地设计问题。在保持专业性的同时，用尽可能通俗、流畅的语言，辅以必要的案例，向读者介绍相关的法律知识，帮助读者在日常工作与生活中，维护法治，遵守社会秩序，保护自己的合法权益。

希望广大读者通过本套丛书轻松学习法律知识，提升法治素养，提高尊法学法守法用法的自觉性和主动性，养成办事依法、遇事找法、解决问题用法、化解矛盾靠法的良好习惯。

目 录

第一章 总 则

第二章　校园法律知识

第一节　校园保护

第二节　学校教育

第三节 校园管理

第三章　家庭法律知识

第一节　家庭权利义务与继承权

第二节　监护职责

第四章 社会法律知识

第一节 权利与保护

第二节 社会责任

第五章 未成年人犯罪预防

第一章

总　则

1 什么是法律?

法律从我们出生到死亡，如影随形，保护着我们，又规范着我们。出生时我们拥有了姓名；父母作为监护人需抚养、教育我们；我们到了一定年龄要上学，长大后要结婚、工作，都需要考虑如何保障自己的权益；在日常生活中买东西受欺诈了要了解如何维权；被车撞了要求肇事司机或保险公司赔偿；也要始终清楚偷抢拐骗要坐牢。这些都是因为有我们的社会规则：法律。

法律赋予了公民各种权利和义务，具有普遍性，我们在生活中的大部分举动都涉及法律。法律规定了我们在社会生活中可以进行和不可以进行的活动，对我们的生活加以防范和调整，对每个人的行为和部分现象作出评价。随着人类和社会的发展，人与人之间的来往不断出现各种各样的问题，而法律就是用来解决这些问题的武器。公民在法律的指引下，可以感受到每个人都享有平等的权利，无贵贱之分，即“法律面前人人平等”。

法律不仅是一种社会治理的手段，更是一种规范价值观的体现，我们在享有权利的同时，也需要共同维护社会运转的秩序。而法律就是我们需要遵守的规则和衡量是非最基本的标准，它服务于我们的生活，也指引着我们朝正确的方向前进，违反法律的人轻则可能承担民事、行政责任，重则可能被追究刑事责任、失去人身自由。

我们在利用法律维护自己权益的同时，也需遵守法律、敬畏法律，共同建造和谐、美好的社会。

2 法律和道德有什么关系？

法律和道德都属于正直观念体现，是规范社会的工具。一切规则和制度，都是从人性的角度出发制定的，所以每个国家的法律，大部分是根据历史、文化情况，从道德演变而来的，但道德问题又不一定是法律问题。法律约束我们的行为，是一切社会活动的最低标准，不可逾越这条界限。而道德约束我们的想法，是社会普遍认可的。

法律是成文、明确、具体的。法律作为社会最后一道防线，是经过长时间实践的打磨研究而成的。例如，一些人虐待小动物，在道德上会受到社会强烈的谴责，在法律上却不会受到和虐待人类一样的惩罚。很多人对此感到不快、不解，不明白为什么同样是生命，法律却不能严惩这类人。这就是因为法律往往需要经过深思熟虑的分析后才能作出判断，具有一定的专业性，比起道德更加理性。

而道德比较抽象、笼统，甚至会因人而异，比较不确定。一个不懂法律的人，也可以对一件事务的善与恶作出最基本的评价，它是一种潜意识的反应。道德是一种思想，总是引导我们作出正确的决定，但道德不具有强制力，能约束的范围不大。因此一些常识性的道德便上升为法律，例如必须诚实守信、夫妻之间需要尽到忠诚义务等。

法律和道德作为治理社会的手段，对公民都具有一定的约束力。就像我们用法律作为砖瓦，砌起一道坚实的围墙，同时也需要用道德作为水泥，去填补砖瓦之间的缝隙。随着法治社会的发展，法律和道德同时被人们遵守的可能性也将越来越大。二者犹如车之双轮，相辅相成，共同在社会的发展建设中发挥积极作用。

3　如何理解宪法？

什么是宪法？概括来说，宪法是一个国家的根本大法，承载着一个国家的政治方向和历史特征。所以宪法对很多人来讲，都是一个高深抽象的概念。未接触法律、学习法律的人，更会认为既然宪法处于一个最高的层面，那一定离我们的生活很遥远，其实不然，我国宪法恰恰贯穿了我们从出生到死亡的权利和义务，为我们整个人生保驾护航。

从我们呱呱坠地那一刻开始，宪法便赋予了我们生而为人的权利，例如父母应尽抚养义务，把我们抚养大，保护弱小的我们不受虐待。当我们到了上学的年纪，宪法赋予了我们受教育的权利，让我们到学校里接受教育、成为更好的人，我们也会更进一步地了解国歌、国旗、国徽。成年后，宪法赋予了我们选举和被选举的权利，同时也规定了我们作为成年人的各种义务。工作后，是谁保障了我们休息的权利，保障了弱势群体在工作中不受歧视？是宪法！当我们准备成家时，依旧是宪法保障了我们的婚姻不被任何人干涉。退休后，宪法又保障了我们享天伦之乐的必要条件。

有人说，以上规定，不是民法典的相关规定吗？和宪法又有什么样的联系呢？其实，宪法像一棵大树的树干，而法律则像树的枝叶，法律是宪法的具体化和延伸，而宪法是所有法律的核心，宪法规定了我们作为中华人民共和国公民最根本的权利和义务。

所以，宪法是维护公民合法权益的最终依据，当我们发现法律能够解决我们的问题、意识到自己是受法律保护的时候，宪法也就显示出了它的生命力和权威性。掌握宪法知识、普及宪法观念、建立宪法信仰是最终实现建设社会主义法治国家的基础，也是培养社会合格公民的重要一步。宪法需要我们每一个人学习、遵守和拥护。

4 法律包括哪些内容？

广义的“法律”，并不仅仅指国家法律，还包括宪法、行政法规、地方性法规、自治条例和单行条例。宪法是国家法的基础与核心，体现了人民意志，是我国的根本大法，具有最高法律效力，一切法律法规均从属于宪法。法律是宪法具体化的表现，从各个方面规定了社会基本规则。此外，法律之下还有行政法规、地方性法规，是国务院和地方政府根据宪法和法律制定的各类法规，及有关行使行政权力、履行行政职责的规范性文件。自治条例则是根据我国民族区域自治制度，依照当地民族的特点而制定的。

法律覆盖政治、经济、教育、文化等领域，囊括了公民从出生到死亡涉及的方方面面。民法规定了公民在社会活动中的各种关系和权利义务，包括人的各种权利：我们生来拥有姓名权、生命权、名誉权等；包括物品的权属问题：捡到的东西应该归谁、从地下挖出的宝物又是谁的、房产证的意义是什么、我买的东西为什么就是我的了；包括婚姻家庭和继承中涉及的权利义务：夫妻之间财产和债务是如何划分的，什么样的情况下属于法定离婚的理由，哪些人有继承的权利、哪些人没有；包括公民之间的交易规则：怎样算达成合同、买卖交易中物品损坏的风险由谁来承担；还包括公司的生死存亡：注册公司应具备哪些条件、股东之间有矛盾怎么办、公司资不抵债如何处理等方方面面。

5 法律能给我们带来什么？

每个人都见过这样的场面：两个小朋友发生争吵甚至大打出手，问题无法得到解决时，其他小朋友便会叫来老师。老师通过询问两个当事人和其他在场的小朋友，弄清楚事情的来龙去脉后，会根据学校或班级的规矩给两个小朋友一个说法，公平地解决两个人的问题。我们长大后，这样的场景依旧可能会出现，只不过老师变成了法官，解决纠纷的地点变成了法院，而依据的规则是法律。当你拿到胜诉判决的时候，一方面证明了自己在法律上是对的，另一方面则可以督促对方尽其该尽的义务，可见法律本身就是一种正义和公平的体现。

法律具有告示、指引和评价的作用。如同上述例子中，张贴在学校公告栏里的校规校纪，告诉我们哪些是可以做的，哪些是不可以做的，哪些做法将会得到赞美奖励，哪些做法将会受到惩罚批评。法律作为一种判断、衡量我们行为的标准，指引着我们向好的方向发展。另外，法律还具有强制力，在有人违反法律、侵害我们的合法权益时，会帮助我们讨回公道，制裁违法行为，增强我们的安全感。

大部分人意识到，当自己的权益受到侵害时，可以通过法律途径来维护。实际上，预防风险是法律更主要的作用，法律并不仅仅在发生纠纷时才能发挥作用。就像我们在生病时可以依靠医药来救治，但平时多了解医学知识、强身健体，也可以更好地预防疾病。法律既引导了我们精神文明的发展，又保障了我们社会的安全和秩序，应当由我们所有人去遵守和拥护。

6　全世界的法律都一样吗?

法律是用来维护国家稳定和人民群众权利的工具，每个国家的国情和文化不同，需要的社会规则和落实方式存在差异，所以在制定法律的时候也会有所不同。

从大的方向来讲，法律分为大陆法系和英美法系两种，一些国家也可能以自己的宗教教条为法律基础。而法系，就是对一些具有共同性的法律的总称。例如，大陆法系国家主要有法国、德国、奥地利、比利时、荷兰、意大利、西班牙，这些都是欧洲大陆国家，在历史文化上有一定的相似性。

大陆法系和英美法系在形式和渊源上有着很大不同。大陆法系是一种成文法系，也就是我们所说“实实在在记录在册”的规则，存在的方式主要是制定的法律。大陆法系主要分为公法和私法，公法是指宪法、行政法、刑法以及诉讼法，私法是指民法和商法，也就是我们人与人之间常用的法律。而英美法系不仅包括各种制定法，还包括各个判例，意思是某一位英美法系国家的法官判的案子，将会像法律一样被作为参考。

我们总是会疑惑，为什么国外一些电视剧中律师老是在法庭上滔滔不绝，但在现实生活中我们去参加庭审时，好像更严肃、有秩序。其实这并不是电视剧和现实的差别，这也属于大陆法系和英美法系的不同之处。大陆法系的诉讼程序以法官为中心，有提问、审判的特点，法官属于一个主动寻找真相的角色。而英美法系的诉讼程序则以当事人和他们的辩护人、代理人（律师）为重心，控辩双方对抗的特点比较显著，法官更像一个裁判。

从法系上看，大陆法系和英美法系有着很大的差别，而同一种法系下的不同国家，因为国情和文化的不同，也会存在各种各样的差异。所以，全世界的法律并不是同一种法律。

7 法律会保护犯罪嫌疑人吗？

在一些热门新闻中，有一些被公众认为是“坏人”的人最后得到了释放，这让大家都很困惑：法律不是维护正义、惩罚恶人的社会制度吗？为什么也保护了“坏人”？其实，在审判之前，任何一个“坏人”都有可能是“好人”，我们也经常会在热门案件中看到出现反转，这正是因为我们的法律为了防止冤假错案的发生，给予了犯罪嫌疑人受到公平待遇、辩护等权利。

《刑事诉讼法》第九条、第十一条规定，犯罪嫌疑人有为自己辩护的权利且有用本民族的语言文字进行诉讼的权利，避免了犯罪嫌疑人“有苦说不出”或因为语言障碍而被冤枉的情况。为了避免“屈打成招”，保证每一个犯罪嫌疑人受到合法、公平的审讯，我国法律也赋予了犯罪嫌疑人在案件的侦查过程中，对侦查人员在讯问过程中侵犯其诉讼权利，或者进行人身侮辱的行为，提出控告的权利。① 在侦查人员讯问时，对与本案无关的问题，犯罪嫌疑人也有拒绝回答的权利。②

在电视剧中，我们常常会看到当犯罪嫌疑人被带到公安机关问话时会说“我要找律师”之类的话，这也是法律对犯罪嫌疑人应有权利的保护。《刑事诉讼法》第三十四条规定：“犯罪嫌疑人自被侦查机关第一次讯问或者采取强制措施之日起，有

---

① 《刑事诉讼法》第十四条。
② 《刑事诉讼法》第一百二十条。

权委托辩护人……”该条规定防止了犯罪嫌疑人因不懂法而未享受到合法权益。犯罪嫌疑人也有权核对讯问笔录。如果犯罪嫌疑人没有阅读能力，侦查人员应当向其宣读。如果记载有遗漏或者差错，犯罪嫌疑人可以提出补充或者改正。犯罪嫌疑人还有权自行书写供述。①

除此之外，整个刑事诉讼过程中，为了保证审讯公平、中立地进行，犯罪嫌疑人及其法定代理人对于和本案有利害关系或有其他关系，可能影响公正处理案件的侦查人员、鉴定人员、记录人员、翻译人员有权申请回避。对驳回申请回避的决定，还可以申请复议一次。同时，其有权知道用作证据的鉴定结论的内容，可以申请补充鉴定或重新鉴定。②

法律不会放过任何一个犯罪的人，但任何人未经法院审判，都不能确定有罪。法律面前人人平等，既要维护正义，也要保障基本权利，即便是被羁押的犯罪嫌疑人，也拥有人格和尊严，也有维护自己合法权益的权利。

8 违法和犯罪有什么区别?

我们通常将“违法犯罪”作为一个词语使用，导致很多人

---

① 《刑事诉讼法》第一百二十二条。

② 《刑事诉讼法》第二十九条、第三十一条、第一百四十八条。

以为违法和犯罪是同一个含义。其实违法和犯罪属于不同的概念，二者有联系，但也有区别。

违法是指违反了国家的法律或行政法规的行为，可触犯的规范范围比较广。在我国，法律对某些行为作出了禁止性的规定，违法便是指如果做了这些禁止的事情，需要受到相应的法律制裁。而犯罪，是指符合《刑法》中关于犯罪的规定行为，一般比违法的情节更严重。

简单来说，对社会的危害程度是违法和犯罪最本质的区别，所以犯罪行为必须具有严重的社会危害性。违法行为虽然也具有一定的社会危害性，但其一般指违反除《刑法》以外的法律法规，严重程度远不足以需要用定罪量刑的方式来处罚，可以通过其他方式来惩戒。

《刑法》第十三条规定："一切危害国家主权、领土完整和安全，分裂国家、颠覆人民民主专政的政权和推翻社会主义制度，破坏社会秩序和经济秩序，侵犯国有财产或者劳动群众集体所有的财产，侵犯公民私人所有的财产，侵犯公民的人身权利、民主权利和其他权利，以及其他危害社会的行为，依照法律应当受刑罚处罚的，都是犯罪……"故违反《刑法》且情节严重、危害较大的，才属于犯罪。比如，张三开车不小心撞到李四，导致李四的腿受轻微伤，侵害了他人的健康权，属于违法，但情节并不严重，危害也不大，不构成犯罪。但如果张三是酒驾飙车，或者给他人生命或财产造成巨大损失，就属于犯罪。所以犯罪一定违法，但违法不一定构成犯罪。

9 如何学会运用法律保护自己？

法律是用来规范我们的行为标准，也是保障我们权益的有力工具，懂得法律并学会加以运用是公民法律意识和素养提高的表现。

要运用法律，首先，我们要学法律、懂法律。我国专门保护未成年人的法律有《未成年人保护法》《预防未成年人犯罪法》《义务教育法》等，而我们的“生活宝典”《民法典》的内容也与未成年人息息相关。我们要通过学习这些法律，知悉在哪些情况下我们的权益受到了侵害，如何获得救济。此外，懂得法律还能够增强我们的是非辨别能力，防止我们掉入违法犯罪的深渊。

其次，我们要培养法律意识，在遇到问题时能够想到用法律来解决、用法律来保护自己。作为未成年人，我们遇到问题时习惯性地向自己最亲近、尊敬的人求助，但当他人无法帮助我们的时候，我们要知道还有国家法律在背后支持我们、帮助我们。

最后，我们要了解获得法律帮助的途径有哪些。除了诉讼，也就是我们平常说的“打官司”以外，我们还有很多维权的途径。例如，我们在购买商品时遇到问题，可以向消费者协会或其他相关机构进行投诉。当我们对某件事情的处理结果不满意时，不要灰心，我们还有向相关机构复议和申诉的权利。在与他人发生矛盾、纠纷无法解决时，我们可以请相应的组织（如居委会、妇联等）进行调解。当这些途径无法解决我们的问题时，我们还可以请当地仲裁委员会进行裁决。这些都是我们可以获得法律帮助的途径。

法律通过解决公民之间的纠纷和制裁违法犯罪来维护公民的合法权益，任何公民都有权根据法律规定，按照法定程序向有关部门、机关和团体寻求法律保护。我们的合法权益是多方面的，维权的途径也是多方面的，我们应该知法、懂法、学法、用法，学会用法律的手段来保护自己。

10 不守法的后果是什么?

众所周知，法律是保障一个国家稳定有序发展的坚实后盾，它规定了我们能做什么、必须做什么和禁止做什么，俗话说“没有规矩不成方圆”，所以守法是一个合格的公民应该具备的最基本素质。

法律的生命力主要体现在它的强制性，而法律的强制性便体现在公民不遵守法律时，国家机关会采取相应措施予以惩戒。常见的强制手段有罚款、警告、管制、拘留及监禁，不同程度的违法和犯罪将受到不同程度的惩戒，即便是未成年人违法犯罪，也需要承担相应的责任和后果。我们经常在互联网上看到有人谴责“小恶魔”得不到法律的制裁，其实不然，未成年人犯罪的处理结果与成年人不同，是因为他们的是非辨别能力、对世界的认知程度还不够，国家和法律给予他们更多的改过自新的机会。但这并不意味着未成年人可以为所欲为，《刑法》第十七条第五款对未成年人犯罪的处理进行了明确规定：“因不满十六周岁不予刑事处罚的，责令其父母或者其他监护人加以管教；在必要的时候，依法进行专门矫治教育。”

以身试法不仅危害他人和整个社会，还可能断送自己的美好前程，令父母伤心绝望。所以青少年一定要有法律意识，主动学法、懂法、信法、守法，不要因一时冲动而违法犯罪，也不要因对法律的认知不到位而不小心触犯法律，要做一个新时代的好公民。

第二章

校园法律知识

第一节　校园保护

1 学生课间打闹受伤，学校要负责吗?

情景再现

安安和小明是某小学三年级的学生，在课间玩耍时，两人互相打闹，安安不慎撞到墙面导致牙骨折，即刻送进医院治疗。安安的父母了解发现，事发当时学校老师并未在现场，安安的父母认为学校没有尽到管理义务，便起诉要求小明及学校承担赔偿责任。学校则认为，学校有明文规定不能嬉戏打闹，老师也已明确告知学生要遵守班规班纪、校规校纪，严禁在教室内和教室外追逐打闹，对安安和小明打闹致伤的行为，应该由他们自行承担责任，学校无过错也不承担责任。法院审理后认为，事发当时老师不在现场，学校方不能证明自己已尽到勤勉的管理、疏导教育义务，故判决学校承担60%的责任。[①]

① 案例改编自河北省新乐市人民法院（2018）冀0184民初2637号民事判决书。

法律分析

学生课间打闹受伤，学校是否需要负责，主要看学校是否尽到了管理教育义务，以及管理的程度是否符合相关规定。《民法典》第一千一百九十九条规定："无民事行为能力人在幼儿园、学校或者其他教育机构学习、生活期间受到人身损害的，幼儿园、学校或者其他教育机构应当承担侵权责任；但是，能够证明尽到教育、管理职责的，不承担侵权责任。"第一千二百条规定："限制民事行为能力人在学校或者其他教育机构学习、生活期间受到人身损害，学校或者其他教育机构未尽到教育、管理职责的，应当承担侵权责任。"也就是说，无论学生自身是否存在过错，只要学校未尽到教育、管理职责，就需要承担相应的责任。

"学校"包括所有未成年学生的教育机构，无论是什么性质的学校，对未成年学生均负有教育、保护义务。学生在校园内发生的一切活动，如上课、参加运动会等均视为校园活动。在此过程中，学校具有监护义务。当学生在校内打闹受伤时，属于参加校园活动时所发生的事故，应根据学校尽责的程度判断学校是否承担责任、承担多少责任。例如，学校是否明文规定哪些事学生可以做、哪些事学生不可以做，遇到事情应该采取什么样的措施，是否让学生知悉、演练，平时为避免事故学校采取了哪些措施，发生事故第一时间是否进行正确处理等，都是考察学校是否尽到教育、管理义务的因素。

中小学生打闹嬉戏属于天性，即便在校规校纪中明确禁止，也难免有不可预测的事件发生。未成年人的人身安全以及和学校有关的伤害问题一直备受关注，老师和学校工作人员应时刻关注学生的身心健康，在发现学生有打闹行为时，应及时制止并进行沟通教育，加强对学生日常的安全教育，尽到教育、管理义务。如果发现学生打闹性质比较恶劣，甚至是同样的人多次发生，校方无法对学生的行为进行控制时，需要第一时间对学生的具体情况进行了解，及时反馈给学生的家长，寻求共同处理，问题才能得到圆满的解决。

2　学生被校外人伤害，学校要负责吗？

情景再现

小毛和小杨是某中学初一的学生。在一次上体育课时，小毛与小杨因琐事发生纠纷，小毛便叫来他在其他学校的朋友小王，两人在放学后一起将小杨拉至学校对面的小巷子进行殴打，小杨头部被严重打伤，并因此住院、休学。小杨的家长将小毛、小王及学校起诉到法院并要求赔偿。审理过程中，各方就学校是否应承担补充责任产生争议，最后法院认为，小杨和小毛均为该中学的学生，学校对二人有教育、管理和保护的义务，但学校没有充分履行这项义务，也没有举证证明在本案中两人发生纠纷时第一时间进行了必要的管理、告诫或者制止。因此，法院判决学校在未尽到管理职责的过错范围内对小杨的损失承担补充赔偿责任。

法律分析

一般来说，学校对未成年人的保护、监护义务限于校园内，但学生被校外人伤害时，学校也并非百分之百无责。《未成年人保护法》第三十五条第一款规定："学校、幼儿园应当建立安全管理制度，对未成年人进行安全教育，完善安保设施、配备安保人员，保障未成年人在校、在园期间的人身和财产安全。"《民法典》第一千二百零一条规定："无民事行为能力人或者限制民事行为能力人在幼儿园、学校或者其他教育机构学习、生活期间，受到幼儿园、学校或者其他教育机构以外的第三人人身损害的，由第三人承担侵权责任；幼儿园、学校或者其他教育机构未尽到管理职责的，承担相应的补充责任。幼儿园、学校或者其他教育机构承担补充责任后，可以向第三人追偿。"学校是否应该为校外的侵权人承担补充责任，需要结合事件发生的原因、地点等综合分析，不能一概而论。

一般来说，如果事件发生在校外或放假期间，学校也尽到了日常管理职责的，学校无责任。例如，在"十一黄金周"，学生外出郊游时被他人致伤，这类事件则与学校无关。但如果学校有先行行为导致事件的发生或发生地点在学校可监管范围内，则可能需要承担补充责任。例如，学生之间发生纠纷，学校未重视、未尽到教育管理职责，一名学生唆使校外人员对另一名学生进行人身伤害，或者侵权事件发生在学校大门口附近等情况，就应根据具体情况确定是否承担补充责任。上述案例中，小毛和小杨之间的矛盾产生于学校内的体育课上，老师应该在发生纠纷时就及时进行教导，避免后续矛盾。此外，小杨是在学校对面的小巷子被殴打的，而小毛也参与其中，所以无论是从事件发生的起因还是地点来看，学校都具有一定的关联性，在学校无法证明采取了一定避免措施、尽到管理义务的时候，就需要承担补充责任。所以，学校在发现学生产生纠纷时，及时弄清楚原因，找到解决办法，在学生矛盾激化前对学生进行思想教育是非常必要的。

3 和同学打架受伤，医药费由谁赔？

情景再现

小孙、小谢、小田为某高中住校生。一天晚上，小孙和小谢对小田进行了第一次殴打，学校管理人员发现后及时进行了制止。学校管理人员在巡查其他学生寝室时，小田又被叫到小孙、小谢、小杨三人所住寝室，再一次遭受小孙、小谢、小杨的相继殴打。学校管理人员查房并不知小田再一次被殴打一事，小田在第二次被打后也未告知学校管理人员。小田的家长就该事件向法院提起诉讼并要求赔偿。法院经审理后查明，小孙、小谢两次殴打小田属实，应承担主要责任，由其监护人承担赔偿义务。另认为，小田在该校晚上休息时间被殴打的事实说明，该校管理人员虽对学生进行了一定程度的管理，但对小田被殴打一事重视不够，故认定该校未完全尽到教育管理之责，应承担相应的民事责任。①

法律分析

学生打架导致对方受伤，属于民事侵权行为。《民法典》第一千一百八十八条规定："无民事行为能力人、限制民事行为能力人造成他人损害的，由监护人承担侵权责任。监护人尽到监护职责的，可以减轻其侵权责任。有财产的无民事行为能力人、限制民事行为能力人造成他人损害的，从本人财产中支付赔偿费用；不足部分，由监护人赔偿。"可知，未成年人与同学打架致人受伤，一般由未成年人的父母或其他监护人来承担医药费。如果未成年人自己有财产，则应当自己承担医药费，不足部分由未成年人的父母或其他监护人承担。同样，若就读的学校未

① 案例改编自贵州省遵义市中级人民法院（2017）黔03民终4353号民事判决书。

尽到保护、管理义务，亦需承担相应的补充责任。

未成年人尚不具备劳动能力，一般没有可供支付赔偿款的财产。父母作为监护人，对未成年人有管理、保护的义务，未成年人的思想观念、所作所为与监护人的管理、教育息息相关。所以未成年人对他人造成伤害时，监护人需承担责任。同样地，未成年人在处理事件时考虑后果的能力较弱，学校在上学期间对未成年人也有一定的管理、教育义务，如果学校未尽到管理之责，还需要承担相应的补充责任。案例中，小孙和小谢对同学小田进行了伤害，必定要承担法律责任进行赔偿。但小孙和小谢为未成年人，没有收入来源，所以法院判决由他们的监护人来承担责任。同时，几名学生都是住校生，连续发生两次殴打事件，说明学校在管理过程中有一定的疏忽过错，那么学校也应当承担相应的补充责任。一些未成年人因为自己没有尽赔偿义务，还意识不到自己行为的严重性，学校和家长须在该类事件发生后第一时间对他们进行批评教育，对其是非观进行正确引导。

4　如何防止校园欺凌？

情景再现

小张与小吴因琐事在教室里打了起来，同班同学小王向小张询问与小吴打架一事，小张表示让小王在放学后拦住小吴再说。小张、小王及其他6名学生于放学后将小吴拉进学校南侧的胡同里，进行质问与殴打。小吴因此离开家里没有去上学，4天后警方在公园山脚下发现了小吴的尸体。当地派出所分别给予参与打架事件的同学行政处罚，小吴的父母也将上述同学告到法院。法院认为该殴打事件属于典型的校园暴力行为，小张、小王及其他学生对小吴的殴打行为非导致小吴死亡的直接原因，但该殴打行为给小吴造成了一定的伤害，对小吴离家出走、死亡有一定的影响，故判决小张、小王及其他同学承担相应的赔偿责任。①

法律分析

一直以来，校园欺凌事件备受社会关注。校园欺凌不仅会对未成年人的身体造成伤害，还会对其心灵造成创伤。《民法典》第一百零九条规定：“自然人的人身自由、人格尊严受法律保护。”2016年，教育部等九部门发布《关于防治中小学生欺凌和暴力的指导意见》。2017年，教育部等十一部门印发《加强中小学生欺凌综合治理方案》。2020年修订的《未成年人保护法》第三十九条规定：“学校应当建立学生欺凌防控工

① 案例改编自河北省张家口市中级人民法院（2019）冀07民终624号民事判决书。

作制度，对教职员工、学生等开展防治学生欺凌的教育和培训。学校对学生欺凌行为应当立即制止，通知实施欺凌和被欺凌未成年学生的父母或者其他监护人参与欺凌行为的认定和处理；对相关未成年学生及时给予心理辅导、教育和引导；对相关未成年学生的父母或者其他监护人给予必要的家庭教育指导。对实施欺凌的未成年学生，学校应当根据欺凌行为的性质和程度，依法加强管教。对严重的欺凌行为，学校不得隐瞒，应当及时向公安机关、教育行政部门报告，并配合相关部门依法处理。”

此外，全国各省区市也就校园欺凌发布了治理方案或实施办法，如福建省、浙江省、北京市等，对不同程度的校园欺凌作出预防、治理的明确规定。情节恶劣的，如携带刀具威胁、打骂同学等行为，可能被给予行政处罚，严重的还可能被追究刑事责任。在自尊心强但承受能力弱的年纪，小张、小王和其他学生对小吴进行殴打，对小吴来说必定会是一种致命的伤害。即便身体上的伤势不严重，心理上的创伤也是无法预估的，所以才造成了这样的悲剧。

校园欺凌具有普遍性，严重程度不一。在未成年人是非观念和辨别能力还比较弱时，非常容易因为一些肤浅的想法做出不正确的行为。例如，看到有人欺负同学时，因为恐惧而不敢为其发声，甚至因为从众心理而加入其中，将事情严重化。无论孩子是哪一种性格，学校和家长都应加以重视，与孩子做朋友，多了解孩子的想法，多关注孩子在学校中的状态，及时发现不妥行为的苗头，从根源上杜绝校园欺凌的发生，引导孩子养成正确的是非观，不欺负、侮辱同学，也要自强、勇敢，保护受欺负的同学，保护自己不受同学的欺负。

校园欺凌事件一般发生在学校，所以处置也以学校为主。调查属实的欺凌事件，学校应该设置专门的教育方案，并督促欺凌者按照要求接受教育，对于欺凌者给予处分。如果学生屡教不改或者情节恶劣，必要时可将欺凌者转送至专门的机构进行教育。对于涉嫌犯罪的欺凌事件，学校应联系公安机关依法处置。同时，在保障未成年人合法权益的同时，相关部门也应注意保护受欺凌学生的个人隐私，以免遭受二次伤害。

5 学生使用学校的设施设备受伤，谁来负责?

情景再现

霖霖是某小学三年级的学生。在一次上体育课时，霖霖看着学校操场的各种锻炼设施，发现双杠有些生锈，似乎已经很久没有人用过了。但学过体操的霖霖为了博大家的眼球，想“秀”一把自己的“本领”，便一个侧身翻挂到双杠上，结果双杠突然倒塌导致摔伤。霖霖的父母认为学校没有尽到管理义务，应当为霖霖的受伤负责。而学校则认为，双杠已经生锈，很长时间已无人使用，学校老师也再三强调要注意安全，霖霖作为一个三年级的学生，看到双杠生锈还做出这样的举动是霖霖自己的过错，学校不应该为霖霖的受伤负责。

法律分析

《未成年人保护法》第三十五条第二款规定："学校、幼儿园不得在危及未成年人人身安全、身心健康的校舍和其他设施、场所中进行教育教学活动。"《民法典》第一千一百九十九条规定："无民事行为能力人在幼儿园、学校或者其他教育机构学习、生活期间受到人身损害的，幼儿园、学校或者其他教育机构应当承担侵权责任；但是，能够证明尽到教育、管理职责的，不承担侵权责任。"第一千二百条规定："限制民事行为能力人在学校或者其他教育机构学习、生活期间受到人身损害，学校或者其他教育机构未尽到教育、管理职责的，应当承担侵权责任。"可见，学校不仅应当对在校学生进行必要的安全教育，建立健全安全制度，还应采取相应的管理措施，对在校学生尽到教育、管理、保护义务。为学生提供安全的教育环境，是学校保护义务最基本的要求。一般来说，无论是否有人使用，学校都应该对校内设施进行定期维护或尽到提醒义务，防止学生因使用这些设施而受伤。如果学校未尽到教育、管理义务，是需要对学生的受伤承担责任的。

上述案件中，学校没有针对未成年学生采取相应的管理措施，明知道双杠已经生锈，却没有进行必要的维护或提醒学生不要使用，没有预防和消除教育环境中存在的安全隐患，导致霖霖受伤，所以应该承担一定的责任。而霖霖作为一名小学三年级的学生，已有一定的认知能力，对自身受伤也存在一定的过错，综合来看，学校与霖霖自己都应该承担部分责任。

学校是未成年人经常出入的地方，学生在校期间，学校承担着临时监护人的责任，对学生有教育、保护义务。除了日常对学生进行教育，从人为主观方面避免学生受到伤害以外，学校还应注意从客观环境方面防止意外的发生，对学校里的各种设施定期进行检查，消除安全隐患，无法及时维修的，尽到提醒说明义务，给学生提供一个良好的学习环境。

6 教室窗户脱落砸到人，学校要负责吗？

情景再现

一天，校内一窗户由于底端滑轮老化而脱落，将放学路过的小宋砸伤。小宋的伤势经诊断为下颌部外伤、前额部外伤、双手拇指外伤等，并住院治疗 14 天。小宋的监护人认为，学校的教育设施存在安全隐患并致小宋受伤，学校作为侵权人应当承担赔偿责任，所以请求学校赔偿因造成小宋伤害产生的各项损失。法院认为，该案件属于教育机构责任纠纷，未成年人在学校或者其他教育机构学习、生活期间受到人身损害，学校或者其他教育机构未尽到教育、管理职责的，应当承担责任。本案中，学校因校内设施存在安全隐患，并致小宋人身受损，其应对小宋的合理损失承担侵权损害赔偿责任。[①]

法律分析

首先，对于窗户脱落砸到人，谁来承担责任的问题，《民法典》第一千二百五十三条明确规定："建筑物、构筑物或者其他设施及其搁置物、悬挂物发生脱落、坠落造成他人损害，所有人、管理人或者使用人不能证明自己没有过错的，应当承担侵权责任。所有人、管理人或者使用人赔偿后，有其他责任人的，有权向其他责任人追偿。"很明显，在上述案例中，学校作为教学场地的管理者，校内的窗户脱落，其确实应承担责任。其次，《未成年人保护法》第三十五条第二款规定："学校、幼儿园不得在危及未成年人人身安全、身心健康的校舍和其他设施、场

① 案例改编自辽宁省东港市人民法院（2015）东民初字第 05987 号民事判决书。

所中进行教育教学活动。”《学生伤害事故处理办法》第九条规定：“因下列情形之一造成的学生伤害事故，学校应当依法承担相应的责任：（一）学校的校舍、场地、其他公共设施，以及学校提供给学生使用的学具、教育教学和生活设施、设备不符合国家规定的标准，或者有明显不安全因素的……”所以校内的窗户脱落，无论砸到的是不是该学校的学生，学校作为场地的管理人都应当承担一定的责任。

未成年人身心发育尚未健全，在日常生活中除了监护人需要保护其安全外，学校也需承担起对未成年人的教育、管理责任。根据被侵权人年龄的不同，教育机构需要承担的责任方式也不同。对于无民事行为能力人（小于八周岁），法律规定教育机构承担的是过错推定责任，即无民事行为能力人只要遭受人身损害的，一般推定教育机构未尽到教育、管理职责。教育机构需要自行举证其已经尽到相应的教育、管理职责。而对于限制民事行为能力人（大于等于八周岁的未成年人）遭受人身损害的，则为过错责任，举证责任在未成年人一方，未成年人及其监护人需要举证证明教育机构未尽到相关的教育、管理职责。因此窗户脱落致学生受到伤害，一方面学校应承担未尽到教育、管理职责产生的责任，另一方面学校也应承担未保障校内设施安全致人损害的责任。

7　横穿学校球场被误伤，谁来负责？

情景再现

阿聂在回家的路上，总会经过某中学的球场。某日阿聂经过球场时，看见球场正有人在打球。阿聂抱着侥幸心理，快速横穿过球场，不料被正在该球场打球的小侯撞倒受伤，后去往医院住院治疗。阿聂认为，小侯应当为自己的受伤负责，而小侯则认为，是阿聂横穿球场受伤的，自己不应该承担责任，双方就赔偿问题协商未果，诉至法院。法院经审理后认为，阿聂横穿球场时被正在该球场打球的小侯撞倒受伤并住院治疗的事实清楚，但由于阿聂受伤主要系其未注意安全防范，横穿球场造成，所以阿聂应承担主要责任。中学将球场设置于紧靠学校大门处，应当加强安全防范措施，但法院经审理查明，学校安全防范存在疏漏，所以也应对阿聂之伤承担相应责任。而小侯是在正常进行学校安排的活动，故对阿聂受伤不存在过错，不承担赔偿责任。①

① 案例改编自四川省泸州市古蔺县人民法院（2017）川0525民初725号民事判决书。

法律分析

上述案例中，有人会对结果感到诧异：明明阿聂是被撞伤的人，为什么自己还要承担主要责任呢？原因在于阿聂作为一个有认知能力的人，在明知道可能有被撞伤的风险的情况下，还是选择了横穿球场，自身存在一定的过错。《民法典》第一千一百七十三条规定："被侵权人对同一损害的发生或者扩大有过错的，可以减轻侵权人的责任。"如果是因为被侵权人自身行为导致了受伤的后果，不应该由侵权人承担全部责任。所以在本案中，阿聂的行为属于造成自己受伤的主要原因，自己应承担一定的责任。

横穿球场被误伤，侵权人是否有责任，需要看侵权人是否存在过错。如果小侯明明看到阿聂经过，依旧故意将其撞伤，那么小侯应当承担侵权责任。本案例中，小侯在正常进行学校安排的活动，并不能预见阿聂的突然出现，所以小侯本身是没有过错的，也就不需要承担责任。但小侯打球的场所是受学校管理的，学校应该考虑有人在体育活动进行时经过的情况，做好防范措施。如果学校不能证明自己已经尽到了安全保护义务，根据《民法典》第一千一百六十五条"行为人因过错侵害他人民事权益造成损害的，应当承担侵权责任。依照法律规定推定行为人有过错，其不能证明自己没有过错的，应当承担侵权责任"的规定，学校因没有尽到管理义务而应该对受伤的人负一定的责任。

所以，学校的各种场地和设施应考虑存在的安全隐患，做好相应的防范措施。在日常生活中，我们在经过危险路段时，也应该提高警惕，不能抱有侥幸心理，否则可能自己受了伤，还需为自己的鲁莽埋单。

8 学生春游活动中受伤，学校要负责吗？

情景再现

雷雷在参加学校春游活动时，在玩滑梯的过程中，因滑到滑梯底部时用手扶地面，导致手部受伤。受伤后，学校老师及景区工作人员将雷雷送往附近的医院救治并通知雷雷的家长。后经司法鉴定，鉴定结论为：雷雷右上肢活动功能部分障碍评定为十级伤残，并伴有后续治疗费。雷雷的家长认为学校需承担此次事件的全部责任，要求学校赔偿伤残赔偿金及后续治疗费用。法院认为学校作为春游活动的组织者，在春游活动前通过广播、班会等多种方式向学生宣传注意事项及进行安全教育，已经较好地履行了安全教育的职责，较好地尽到了其职责范围内的教育、管理和保护义务。但是雷雷所在的班级有35个学生参加春游，仅有两名老师负责照看该班级的学生，校方在人员安排的工作方面有所不足，存在一定的安全管理疏忽，具有一定过错。学校对事故的发生负有较小的责任，最终判决校方承担事故10%的责任。①

法律分析

判断学校是否需要负责，需要从学校在春游活动中扮演的角色去分析。结合实践来看，学校是春游活动的组织者，负责组织学生出行以及保护学生在活动期间的人身安全。所以虽然活动地点常在校外，但还是会被法院认定为教学活动的一种特殊形式。《未成年人保护法》第三十五条第三款规定："学校、幼儿园安排未成年人参加文化娱乐、社会实践等集体活动，应当保护未成年人的身心健康，防止发生人身伤害事故。"《民法典》第一千一百九十九条规定："无民事行为能力人在幼儿园、学校或者其他教育机构学习、生活期间受到人身损害的，幼儿园、学校或者其他教育机构应当承担侵权责任；但是，能够证明尽到教育、管理职责的，不承担侵权责任。"第一千二百条规定："限制民事行为能力人在学校或者其他教育机构学习、生活期间受到人身损害，学校或者其他教育机构未尽到教育、管理职责的，应当承担侵权责任。"如果学生在春游期间受伤，学校未尽到教育、管理职责，依然要承担责任。虽然学生受伤的原

---

① 案例改编自广东省佛山市顺德区人民法院（2014）佛顺法勒民初字第186号民事判决书。

因有时来自景区一方、学生的监护人或者学生自己，但是这些只能作为法院判定学校承担责任比例时考虑的因素，不能成为校方免责的理由。所以，学校在做好安全教育的同时，春游期间也需要尽最大努力保障学生的人身安全，避免学生发生意外。

春游本是让学生在紧张的学习中得到放松、亲近大自然的活动，也是学生们期待的活动，但出行安全总是困扰着学校和家长，各种意外事件也让越来越多的学校不敢再组织春游。作为学生，在参加课余活动的同时应该更加注意安全，服从学校的安排，避免意外的发生。而作为校方，除了在校外活动前做好更全面的教育、提醒，必要时请家长协助以外，也可考虑选择安全系数较高的活动和场地，做好组织和安全防范方案，向上级报批，在满足学生课外需求的同时做好安全防范措施。

9 学校与旅行社签订旅游合同，旅游期间学生受伤谁应负责？

情景再现

学校组织学生去游戏园游玩，并委托旅行社购买门票、午餐及旅游意外险。游玩当日，小张在游戏园内的儿童城堡二楼中间的滑梯玩耍时，因滑落速度过快无法控制，不慎导致右手撑地受伤。园内工作人员发现小张受伤后，带至学校的一名老师处，后带小张到医院治疗，经诊断：小张右侧尺桡骨远端骨折并尺桡远端关节脱位，经司法鉴定小张伤情构成十级伤残。法院认为，学校是实施义务教育的机构，学生在学校组织活动期间，学校应当负有对学生进行教育、管理和保护的职责。学校作为管理者，应当预见并掌握外出活动存在未成年学生因走动、玩耍而发生碰撞、推碰、踩踏等有安全隐患的情况，并安排合适数量的老师巡视、管理。游戏园在本次活动中，作为承办无民事行为能力人活动的管理方，亦负有比承办一般活动更高的管理职责，应当采取措施有效预防未成年人伤害事故的发生。判决校方与游戏园共同承担责任。①

法律分析

学校组织旅游时，往往会与旅行社签订合同，由旅行社负责安排景区门票、协助老师组织学生游玩等工作。景区则负责接待学生，保护学生在景区内游玩时的安全。因此旅游期间学生受伤由谁负责，取决于当时对学生安全负有保障义务的主体都有哪些。

首先，学校作为春游活动的组织者，在组织活动期间，其是需要对学生进行教育、管理和保护等工作的。《民法典》第一

① 案例改编自广东省广州市荔湾区人民法院（2015）穗荔法少民初字第38号民事判决书。

千一百九十九条规定："无民事行为能力人在幼儿园、学校或者其他教育机构学习、生活期间受到人身损害的，幼儿园、学校或者其他教育机构应当承担侵权责任；但是，能够证明尽到教育、管理职责的，不承担侵权责任。"第一千二百条规定："限制民事行为能力人在学校或者其他教育机构学习、生活期间受到人身损害，学校或者其他教育机构未尽到教育、管理职责的，应当承担侵权责任。"学生受伤在一定程度上也反映了学校的安全管理工作有做得不到位的部分，学校可能需要承担一定的责任。

其次，旅行社或景区在学生受伤事故中是否需要承担责任取决于旅行社在春游活动中承担的具体工作、事发地是否在景区负责的范围内，以及旅行社或景区有没有在自己职责范围内尽到对学生的安全保障义务。《最高人民法院关于审理旅游纠纷案件适用法律若干问题的规定》第七条第一款规定："旅游经营者、旅游辅助服务者未尽到安全保障义务，造成旅游者人身损害、财产损失，旅游者请求旅游经营者、旅游辅助服务者承担责任的，人民法院应予支持。"在部分判决旅行社承担责任的案例中，旅行社一方的工作人员与学校老师一起全程参与了春游活动，此时旅行社需承担对学生的安全保障义务。而在判决旅行社无须承担责任的判例中，旅行社的工作往往只是负责安排车辆接送，以及帮助学校与景区对接，对学生在景区内的人身安全没有保障义务，所以无须担责。景区是否承担责任则取决于学生是否在景区内受伤，以及景区对于学生受伤是否存在过错，如果有过错，则需要承担一定的责任。

最后，部分学校在安排学生出游时会考虑得更加周到，为学生购买人身意外险，所以在学生受伤时，保险公司也需要在保险范围内，负责学生一部分的损失。

10 学生被罚站五分钟就晕倒，学校要负责吗？

情景再现

小凡是一名小学三年级的学生，平时比较调皮，也经常被老师处罚，但小凡依旧没有改变调皮的性格。在一节数学课上，小凡因扰乱课堂纪律被任课老师罚站一节课。不料小凡刚走到教室后面站了五分钟，便觉一阵眩晕，晕倒在地，由于摔倒突然，导致小凡摔断了门牙。小凡的父母得知后，找到学校理论，认为任课老师处罚过度，小凡的受伤完全是学校造成的，要求学校承担赔偿责任。学校则觉得特别冤枉，认为小凡晕倒纯属意外，以前也没有出现过这样的事情，并不是因为老师的处罚而导致小凡晕倒，学校不应该承担责任。

法律分析

关于学生被罚出意外校方是否承担责任的问题，首先要考虑校方对学生是否可以进行一定的处罚。《中小学教育惩戒规则（试行）》第七条规定："学生有下列情形之一，学校及其教师应当予以制止并进行批评教育，确有必要的，可以实施教育惩戒：（一）故意不完成教学任务要求或者不服从教育、管理的；（二）扰乱课堂秩序、学校教育教学秩序的；（三）吸烟、饮酒，或者言行失范违反学生守则的；（四）实施有害自己或者他人身心健康的危险行为的；（五）打骂同学、老师，欺凌同学或者侵害他人合法权益的；（六）其他违反校规校纪的行为。学生实施属于预防未成年人犯罪法规定的不良行为或者严重不良行为的，学校、教师应当予以制止并实施教育惩戒，加强管教；构成违法犯罪的，依法移送公安机关处理。"可见，学校对违反纪律的学生是有权进行一定处分的。一般来说，老师可以根据实际情况采取与其年龄和身心健康相适应的教育惩戒措施，但不得对学生实施体罚、变相体罚或者打骂、辱骂以及其他侮辱人格尊严的行为。

上述案例中，任课老师因小凡扰乱课堂纪律而让小凡罚站一节课的惩戒措施是在可接受范围内的，老师的行为本身不存在不妥之处，但因发生意外产生了不良后果，小凡确实因此受了伤。《民法典》第一千一百九十九条规定："无民事行为能力人在幼儿园、学校或者其他教育机构学习、生活期间受到人身损害的，幼儿园、学校或者其他教育机构应当承担侵权责任；

但是，能够证明尽到教育、管理职责的，不承担侵权责任。”所以小凡在校内受伤是事实，受伤前又存在任课老师让其罚站的先行行为，学校可能需要承担一定的责任。

这让很多学校也感到很迷茫：学校不可能在处罚前对每一个学生的身体状况进行检查，这样的情况也是学校无法预料到的，那是不是意味着以后学校都不能对违纪的学生进行教育处罚了？其实不然，学校在管理过程中多注意学生的状态、及时做好防范措施，还是可以避免此类事件发生的。例如，上述案例中，如果老师在发现小凡罚站状态不对劲的时候，立即采取相应的保护措施，则可能避免小凡受伤、减轻校方的责任。

第二节　学校教育

1　学校可以自行设置招生标准吗?

情景再现

M中学因升学率高、名师云集，在某市享有很高知名度，大部分家长都希望自己的孩子可以就读该所中学。但因为每届学生名额有限，各方面条件优秀的学生也很多，只靠公布的录取分数线难以安排所有志愿生入学。加之M中学拥有自己的教学特色，针对不同特长、不同水平的学生开展针对性教学，需要按照学生成绩和特点来划分班级，故M中学便设置了自己的入学考试，要求达到入学条件的学生才能参加考试，并且仅录取排名前800的学生。此外，M中学还安排面试，列出其他一些录取条件，如“教师子女优先”“特长生优先”等，从多方角度综合考量，择优录取。此外，符合一定条件的学生还可以选择通过支付“择校费”就读M中学，这让部分人感觉不公，但M中学的名气使得所有人默默接受了该校一切要求和条件。渐渐地，M中学成为成绩优秀和家境优越的学生聚集地。

法律分析

“入学考试”“择校费”等字眼对于许多人来说都不陌生。挤破头念名校的同时，我们不得不思考部分学校的做法是否合法合理的问题。我国教育部于 2009 年出台的《关于当前加强中小学管理规范办学行为的指导意见》规定：“义务教育阶段学校坚持免试就近入学原则，不得违规提前招生和举行任何形式的选拔性考试。制止各种学科竞赛、特长评级与义务教育阶段学校录取相挂钩。要及时根据生源变化情况合理调整学校招生范围，每学年向社会公布行政区域内各义务教育阶段学校招生范围、招生时间、招生计划及有关要求。普通高中招生要坚持全面评价、择优录取原则，将初中学生综合素质评价结果作为招生录取的重要参考依据，积极倡导和逐步推行将示范性高中大部分招生指标均衡分配到区域内初中的办法。严格执行高中‘三限’政策。”所以在义务教育阶段，学校是不可以再自行设置其他招生标准的。

如果 M 中学的初中部举行这种考试，就是违规行为，即便再有名气、选择就读的人数再多，M 中学也应该坚持免试就近入学的原则。如果 M 中学的高中部举行这种考试，由于相较于义务教育阶段没有过多限制，学校可以通过分数线择优录取。报名人数多的情况下，学校安排自己的入学考试也是可以的，但依旧需要注意依照法律法规录取、办学。在教学过程中，即便是特色教学，考试的次数和难度也要适当，命题要科学，考试内容要符合课程方案的基本要求，不得随意提升考试难度，增加考试次数。此外，学校还需注意在招生方面的宣传，不对高考成绩进行各种炒作。

2 学校可以随便取消音乐课、体育课吗？

情景再现

阿星是某中学初三的学生，从小热爱运动，体育课是阿星最期待的课程。然而阿星发现，从新学年开始，一到体育课，数学、英语、语文这些课的老师就会出现，并通知他们体育课因体育老师有事或生病而取消了，这节换成数学课、英语课、语文课，顺便赶赶新课进度或者要求大家自习，慢慢地，同学们看着课表上的体育课已经没有了期待，阿星也因此很久没有活动筋骨了，喜欢的足球、篮球也放在角落没有机会触碰。此外，课表上原有的、每周一节的音乐课也被直接换成了英语课。阿星认为这样反而剥夺了大家学习的积极性，可其他同学没有意见，父母也每天劝他以学习为重，阿星即便心里不舒服，也不敢提出异议。那么学校有权取消音乐课、体育课吗？

法律分析

音乐课、体育课可谓学生心中的一股清风，给枯燥无味的学习生涯带来了一丝趣味，几乎是每个学生最喜欢的课程。但音乐老师、体育老师“被有事”“被生病”而替换课程是我们很多人的学生时代都经历过的事情。不少学校甚至已经没有了专职音乐老师、体育老师，偶尔由其他科任老师代替，这些课程名存实亡的现象并不少见。《未成年人保护法》第二十五条第一款规定：“学校应当全面贯彻国家教育方针，坚持立德树人，实施素质教育，提高教育质量，注重培养未成年学生认知能力、合作能力、创新能力和实践能力，促进未成年学生全面发展。”学校对学生的教育应该是多方面的，应当将德育、智育、体育、美育结合起来，才能促进学生的全面发展。除了学习以外，学校还应给予未成年人身心健康上的保护、教育。所以，学校是不可以随意取消学生的音乐课、体育课的。

近些年来，部分学校为提升办学品位，除了常规课程以外，还增设了许多特色课程，如游泳、武术、跆拳道、拉丁舞、美术等等，得到了国家的支持。多样化的课程更有利于全面贯彻国家的教育方针，全面提高教育教学质量，有利于突破传统的“应试教育模式”，建立科学的教育体系，培养学生的创新能力。这些现象也代表着我国教育水平的提升，教学方式也越来越多元化，从历年的平均高考分数来看，新一代学生的学习能力也越来越强，这是教育质量提升的最显著的成果。可见一味让学生“埋头苦学”并不是最好的教学办法，即便没有条件给学生全面、优质的多元化教学，学校也应该保障学生最基本的多方位学习的权利，起码给学生放松、发展兴趣的机会，让学生劳逸结合，不随便取消原有的音乐课、体育课，才能有效地推进素质教育。

3 假期内安排补课合法吗？

情景再现

某市一中学为了补缺补差，提高升学率，提倡在本校就读的学生积极参加学校安排的双休日、节假日、寒暑假的补课。在年初开学时，学校发布了相关通知文件，并制订了本年度补课计划表，列明补课时间、补课科目及相关费用，要求学生家长根据实际情况签署同意书。一部分家长认为，孩子现阶段应以学习为主，节假日也不宜游玩，自己孩子不参加补课会落后于他人，便同意了学校的安排。另一部分家长则认为，学校征求了家长的意见，但实际上是在变相强行补课、收取额外费用，在节假日设置补课加重孩子课业负担，不利于孩子的身心健康。为此，学校的补课计划一直未得到落实，学生家长就学校补课安排议论纷纷。

法律分析

如今社会对人才的需求越来越高，很多孩子从幼儿园就开始补课，一直到高考结束。补课对于大家来说已经成为教育期内必不可少的项目。就学校假期安排补课问题，家长也是左右为难：看着孩子天天补课，觉得累；看着孩子在家看电视，又发愁。其实，补课现象虽然普遍，但《未成年人保护法》第三十三条规定："学校应当与未成年学生的父母或者其他监护人互相配合，合理安排未成年学生的学习时间，保障其休息、娱乐和体育锻炼的时间。学校不得占用国家法定节假日、休息日及寒暑假期，组织义务教育阶段的未成年学生集体补课，加重其学习负担。幼儿园、校外培训机构不得对学龄前未成年人进行小学课程教育。"该条明确禁止了学校占用节假日、休息日及寒暑假期组织义务教育阶段的学生补课。

2021 年 7 月 24 日，中共中央办公厅、国务院办公厅印发了《关于进一步减轻义务教育阶段学生作业负担和校外培训负担的意见》，该意见亦明确要求学校需全面压减义务教育阶段学生作业总量和时长，减轻学生过重作业负担；校外培训机构不得占用国家法定节假日、休息日及寒暑假期组织学科类培训，进而减轻学生校外培训负担。此前教育部于 2009 年出台的《关于当前加强中小学管理规范办学行为的指导意见》同样明确要坚决纠正任何违背教育规律、随意加深课程难度、随意增减课程和课时、赶超教学进度和提前结束课程的现象。

各个学校竞争激烈，学生之间的竞争也激烈，但既然规定了寒假和暑假，就有它存在的意义，未成年人身心承受能力都比较弱，也无法完全理解、体会学习的意义，过度占用他们的休息时间只会让他们对学习更加排斥和抵触，也不一定能够达到好的效果。学校应根据当地的实际情况，按照不同学段和年级、走读生和寄宿生的实际需要，对学生休息时间、在校学习或自习时间、体育锻炼时间、在校活动内容和家庭作业等方面作出科学合理的安排和严格规定，纠正各种随意侵占学生休息时间、加重学生作业负担的做法，让学生能够劳逸结合，依法享受休息的权利。同时，学校还应该正确引导家长积极参与，关注孩子学习成绩的同时，也重视孩子的心理健康，结合实际减轻学习上的负担，不给孩子过大的压力，让孩子该学习的时候好好学习，该休息的时候好好休息，保持良好的学习状态。

4 学校可以设置残疾学生特殊教育机制吗？

情景再现

T小学经常组织学生参与社会公益活动，与当地多个残疾人协会建立了良好的关系。为了更好地帮助残疾学生，给特殊学生提供更好的教育，该学校经批准后针对不同特殊学生开设了视力障碍、听力障碍等特殊班级，并在学校里修建了一些残疾人设施，帮助更多的残疾学生。一些学生家长得知后却极力反对，认为残疾学生作为特殊人群，应该就读特殊学校，学校不应设置这种特殊教育机制，接纳众多残疾学生。他们认为这样的教育环境不利于自己孩子的学习和成长，学校的做法有悖常理，便联名要求学校取消各种特殊教育机制。

法律分析

《未成年人保护法》第八十六条规定："各级人民政府应当保障具有接受普通教育能力、能适应校园生活的残疾未成年人就近在普通学校、幼儿园接受教育；保障不具有接受普通教育能力的残疾未成年人在特殊教育学校、幼儿园接受学前教育、义务教育和职业教育。各级人民政府应当保障特殊教育学校、幼儿园的办学、办园条件，鼓励和支持社会力量举办特殊教育学校、幼儿园。"《教育法》第三十九条规定："国家、社会、学校及其他教育机构应当根据残疾人身心特性和需要实施教育，并为其提供帮助和便利。"学校作为教育机构，有义务配合人民政府为残疾未成年人提供便利。我国各地虽然也设立了专门针对特殊学生群体的学校，但此类学校数量有限，一直就读特殊学校也不利于特殊学生群体融入社会。T 小学经常参加公益活动，对特殊学生群体有一定的了解，而这群特殊学生对 T 小学也有一定的信任，T 小学经审批后为他们增设特殊教育机制的做法是值得赞扬的，只要学校处理、管理得当，家长和学生应试着理解和接受。

义务教育阶段的残疾学生年纪偏小，普通学校的教育方式不一定能够对他们起到教育作用，所以该部分年龄段的残疾学生以就读政府设置的特殊教育学校或班级为宜。《义务教育法》第十九条规定："县级以上地方人民政府根据需要设置相应的实施特殊教育的学校（班），对视力残疾、听力语言残疾和智力残疾的适龄儿童、少年实施义务教育。特殊教育学校（班）应当具备适应残疾儿童、少年学习、康复、生活特点的场所和设施。普通学校应当接收具有接受普通教育能力的残疾适龄儿童、少年随班就读，并为其学习、康复提供帮助。"每个孩子都有受教育的权利，无论在特殊学校还是普通学校，我们所有人都有为他们提供帮助和便利的义务。

国家高度重视和支持残疾人教育事业的发展，近几年来，实施了多个帮助残疾人发展的资助扶持政策。我们作为社会的一分子，也应尽自己的一份力量，包容、帮助有困难的人群，促进社会和谐和国家发展。普通学校有条件的，可以经过批准后增设特殊教育班，帮助解决残疾儿童上学问题，学生家长也应给予理解和配合。

5 重点培养"贵族学生"的做法合理吗?

情景再现

某中学开设了"国际班""培优班"等特殊班级，以培养部分特殊学生群体。学生家长可根据自己对孩子未来的规划，选择相应的班级项目，例如打算让孩子出国留学的便上"国际班"，打算让孩子参加特招考试、保送项目的则上"培优班"。学校为了达到"培优"目的，给特殊班级配备了最雄厚的师资，还安排了一些普通班级没有的课外活动和项目，如话剧表演、高尔夫球等，连校服都更加"高级"，单独向知名品牌采购。由于配套设施成本高昂，特殊班级需缴纳的费用也比较高昂，该校特殊班级的学生渐渐理所当然地成为"贵族学生"。这种现象引起了学生家长的热议，一部分家长认为，花钱让孩子接受更好的教育天经地义，学校开设这些班级没有什么不妥。而另一部分家长则认为，这种分化严重、区别对待的教学方式会让学生之间产生攀比心理，对没有条件上特殊班的学生极其不公平。学校也因为家长的异议难以顺利展开特殊班级的发展和优化。

法律分析

为提高教学质量、突出教学优势，许多学校已开展多样化的教学，满足学生个性化发展需求，这种具有针对性的教学在一定程度上激发了学生的潜能、提高了教学效率。但区别对待也会让普通学生产生落差，有不公平的感觉。《未成年人保护法》第二十九条第一款规定：“学校应当关心、爱护未成年学生，不得因家庭、身体、心理、学习能力等情况歧视学生。对家庭困难、身心有障碍的学生，应当提供关爱；对行为异常、学习有困难的学生，应当耐心帮助。”《义务教育法》第二十二条规定：“县级以上人民政府及其教育行政部门应当促进学校均衡发展，缩小学校之间办学条件的差距，不得将学校分为重点学校和非重点学校。学校不得分设重点班和非重点班。县级以上人民政府及其教育行政部门不得以任何名义改变或者变相改变公办学校的性质。”这条规定的目的就在于缩小教学差距，避免不平衡的教育质量。从一定程度上来讲，学校可以拥有自己的教学办法和特色，但应当以公平教育为原则。上述案例中，学校根据学生自身的需求合理增设相应班级本身没有问题，但安排不对等的师资条件、配套设施就失去了特殊班原有的本质，使得学生受到不公平待遇。

所以，学校在实施自己的特色教学时，应该充分考虑学生整体的受益情况，以提高整个学校的教学质量为出发点，尽量避免差异化的教学。例如，既然有“国际班”“培优班”，那么也可以设置与普通班级同等条件的特长班或兴趣爱好班等，让学生可以根据自身情况自由选择，感受到学习的乐趣，而不是设置一定的门槛，让一些没有条件的学生不得不变“普通”。在课外活动、校服等配套方面，学校也应当做到一致，避免学生产生不公平和攀比的心理，给未成年人建立一个良好的教育环境，培养学生正确的价值观。

6 学校可以拒绝少年犯学生吗?

情景再现

小沈为G中初三的学生，其经常与校外人员来往，沾染了不少不良习惯。学校里的同学也都害怕和小沈接触。小沈向校外的“朋友”抱怨自己在学校里没有朋友、没有意义，校外人员便鼓动小沈在学校里也招收几个“小弟”，方便“收拾不听话的同学”。小沈便开始在学校里拉帮结派，成为校园一霸。因为多次组织参与校园欺凌事件，且造成了严重后果，小沈被移送至少管所进行管制教育。管制教育结束后，原学校以小沈已毕业为由拒绝让小沈回校就读，而其他学校也因为小沈的过往经历而拒绝接收。此时应该念高二的小沈被迫辍学。

法律分析

据统计，目前青少年犯罪呈低龄化趋势。《刑法》第十七条规定："已满十六周岁的人犯罪，应当负刑事责任。已满十四周岁不满十六周岁的人，犯故意杀人、故意伤害致人重伤或者死亡、强奸、抢劫、贩卖毒品、放火、爆炸、投放危险物质罪的，应当负刑事责任。已满十二周岁不满十四周岁的人，犯故意杀人、故意伤害罪，致人死亡或者以特别残忍手段致人重伤造成严重残疾，情节恶劣，经最高人民检察院核准追诉的，应当负刑事责任……"但大部分学校并不知道如何处理涉嫌犯罪但不被追究刑事责任，或被追究刑事责任但管制结束的学生，索性开除或不予接收，避免"问题学生"带来二次问题。

《义务教育法》第二十一条规定："对未完成义务教育的未成年犯和被采取强制性教育措施的未成年人应当进行义务教育，所需经费由人民政府予以保障。"第二十七条规定："对违反学校管理制度的学生，学校应当予以批评教育，不得开除。"《预防未成年人犯罪法》第五十三条规定："对被拘留、逮捕以及在未成年犯管教所执行刑罚的未成年人，应当与成年人分别关押、管理和教育。对未成年人的社区矫正，应当与成年人分别进行。对有上述情形且没有完成义务教育的未成年人，公安机关、人民检察院、人民法院、司法行政部门应当与教育行政部门相互配合，保证其继续接受义务教育。"所以，小学、初中是不可以因为学生违反校规而进行开除处理的，应当继续对少年犯学生进行义务教育，不可以拒绝接收。小沈被移送管制时还在义务教育阶段，学校应对小沈进行学籍保留，在管制结束后让小沈继续上学，不可作直接开除处理。

对于已完成义务教育的少年犯学生，《教育法》第四十条也有明确规定："国家、社会、家庭、学校及其他教育机构应当为有违法犯罪行为的未成年人接受教育创造条件。"《预防未成年人犯罪法》第五十八条规定："刑满释放和接受社区矫正的未成年人，在复学、升学、就业等方面依法享有与其他未成年人同等的权利，任何单位和个人不得歧视。"可见各所高校也有义务为少年犯学生提供受教育的机会。

青少年由于年龄和知识层面的局限，尚未完全拥有是非辨别的能力，犯下错误也大多是冲动犯罪。无论是社会还是学校、家庭都应该给予他们改过自新的机会，对于他们的过错，惩罚不是目的，教育、感化和挽救才是根本。中小学时期是塑造、改变一个人的重要阶段，负有意义重大的教育义务，对于有违法犯罪行为的未成年人，应该为他们创造教育条件，帮助他们走向正轨。

7 超过时间未报到，学校可以不再接收学生吗？

情景再现

小邹为小学升初中的学生，按照片区划分被分配到W中学。

暑假期间，小邹的父母想为小邹报名参加一个出国夏令营活动，锻炼小邹的英语，体验国外寄宿家庭的生活，还可以参加国外学校的讲座，体验国外校园生活。夏令营活动时间长达三个多月，夏令营的结束时间已经超过W中学规定的报到时间。小邹的父母担心小邹回来时，学校会以超过报到时间为由拒绝接收小邹，便向社区的法律服务中心提出咨询。

法律分析

小邹属于义务教育时期的学生，学校应当依法完成教育任务，是不可以因为小邹延迟报到而拒绝接收的。《义务教育法》第五条规定：“各级人民政府及其有关部门应当履行本法规定的各项职责，保障适龄儿童、少年接受义务教育的权利。适龄儿童、少年的父母或者其他法定监护人应当依法保证其按时入学接受并完成义务教育。依法实施义务教育的学校应当按照规定标准完成教育教学任务，保证教育教学质量。社会组织和个人应当为适龄儿童、少年接受义务教育创造良好的环境。”小邹的父母也有义务让小邹按时入学，尽量不耽误小邹的正常入学时间。另外，该法第十一条第二款规定：“适龄儿童、少年因身体状况需要延缓入学或者休学的，其父母或者其他法定监护人应当提出申请，由当地乡镇人民政府或者县级人民政府教育行政部门批准。”可见父母督促孩子完成义务教育是法定义务，有特殊情况且维持时间较长的，应向教育部门反映，避免中途辍学无法处理的情况。如果小邹的夏令营活动已经报名，小邹的父母应当提前与学校联系，说明情况，主动采取措施来保障小邹就读的问题。

一般来说，中小学的所有学生应按时到校报到，办理入学手续。如果因为生病或特殊情况不能按时办理入学手续，须在开学后及时持有关证明向学校申请延期办理入学手续，延期期限根据地方和学校有所不同。义务教育阶段（即小学、初中）新生无故不按时报到的，例如上述案例中，如果小邹的父母没有提前跟学校申请说明，学校不知道小邹是否来就读，可以暂作疑似辍学处理，待恢复入学后补录或更新学籍信息，不能因为小邹延迟报到而拒绝接收。需要注意的是，这种“无条件”接收只针对义务教育阶段的学生，普通高中新生开学后不到学校办理入学手续，又不办理延期手续，或延期期限内仍不报到的，学校是可以取消其入学资格的。所以学生和家长应当重视、注意学校报到的时间，按要求在规定时间内报到，有特殊情况的一定要第一时间与学校联系说明，申请延长报到时间。

8 学校可以要求学生凭成绩排名获得参加运动会、春游的资格吗？

情景再现

某小学为了激发学生学习的积极性，提高整体成绩，要求学校排名前70%的学生才可以参加学校组织的各类活动，如运动会、校庆、春游等，成绩不达标的学生则需要在家补课，利用活动时间提高成绩，等下一次考试达标后，才可以参与下次的活动，参加活动的资格以每次考试成绩更新确定。未达标的同学为了参加活动，只好埋头苦学，已达标的学生也会因担心自己成绩下降，失去参与下次活动的机会而继续努力。学校认为，排名前70%并不是一件特别难的事情，还是可以让大部分学生享受参加活动的权利的，考得太差的学生也确实不宜再花时间参加这些课外活动，并且这种方式让所有人都可以更加努力地学习，成绩差的学生可以提高成绩，成绩好的学生也会越来越好。这项规定的确让大部分学生提高了学习的积极性，但也让部分学生有了“破罐子破摔”的想法，对学校和学习产生了抗拒心理。

法律分析

在这个竞争激烈的社会，越来越多的人感受到“校园如职场”，学生顶着压力迎难而上，学校也为激发学生潜力花样百出。在这样的环境下，一些学校难免会忽略教育的初衷，忘记学生在在校学习和生活方面享有平等的权利，无论成绩优异还是较差，都应该受到同等的对待。上述案例中，学校要求排名前70%的学生才可以参加课外活动，这种不公平虽然没有具体到个人，但也属于剥夺了成绩较差的学生参加课外活动的权利。《义务教育法》第二十九条规定：“教师在教育教学中应当平等对待学生，关注学生的个体差异，因材施教，促进学生的充分发展。教师应当尊重学生的人格，不得歧视学生，不得对学生实施体罚、变相体罚或者其他侮辱人格尊严的行为，不得侵犯学生合法权益。”《教育法》第四十三条明确规定了受教育者享有的权利：“（一）参加教育教学计划安排的各种活动，使用教育教学设施、设备、图书资料；（二）按照国家有关规定获得奖学金、贷学金、助学金；（三）在学业成绩和品行上获得公正评价，完成规定的学业后获得相应的学业证书、学位证书；（四）对学校给予的处分不服向有关部门提出申诉，对学校、教师侵犯其人身权、财产权等合法权益，提出申诉或者依法提起诉讼；（五）法律、法规规定的其他权利。”所以学校因为成绩的差异而区别对待学生的情况，是不合法的行为。这种方式虽然有一定的激励效果，但也会产生一定的负面作用。如果认为学生因课外活动影响了正常学习，那么可以适当少安排，但不可以要求成绩不达标的学生不能参与。一视同仁、让每个学生都享受到公平的教育，是教育的根本和原则。

9 学习普通话有法律依据吗?

情景再现

小文是一名小学一年级的学生，因为语文成绩不好、说普通话不标准被同学嘲笑，于是小文便开始抗拒学习语文、说普通话，坚持用方言和老师同学交流。老师多次对小文进行开导教育，希望小文能够认真对待学习，小文却表示明明方言也能沟通，平时和身边人交流也用不上普通话，为什么一定要学习普通话。小文甚至认为，自己不喜欢讲普通话就不用学习普通话。那么我们为什么要学习普通话呢？是法律规定的吗？

法律分析

普通话是我国语法规范的专用语，并且为联合国工作语言之一。除了消除各地之间方言隔阂、有利于交际以外，普通话也渐渐成为中外文化交流的重要桥梁，许多外国人也将普通话作为外语学习的首选语言。《宪法》第十九条第五款规定：“国家推广全国通用的普通话。”并且《国家通用语言文字法》专门对我国公民通用的文字、语言进行了规定，所以推行和学习普通话，不仅是当下社会需要，也是有法律依据的。

那么，学校教普通话又是否有法律依据呢？答案是有的。《国家通用语言文字法》第十条第一款规定：“学校及其他教育机构以普通话和规范汉字为基本的教育教学用语用字。法律另有规定的除外。”《教育法》第十二条第一款规定：“国家通用语言文字为学校及其他教育机构的基本教育教学语言文字，学校及其他教育机构应当使用国家通用语言文字进行教育教学。”无论任课老师普通话是否标准，班上的同学是否全部能够听懂方言，用普通话教学也是所有教师教学的基础和应尽的职责。

不过，对于像小文这样的学习普通话有困难的学生，《未成年人保护法》第二十九条第一款规定：“学校应当关心、爱护未成年学生，不得因家庭、身体、心理、学习能力等情况歧视学生。对家庭困难、身心有障碍的学生，应当提供关爱；对行为异常、学习有困难的学生，应当耐心帮助。”老师应当尽力引导和帮助小文，找到小文学习不好的原因，并鼓励同学们一起帮助小文克服对学习普通话的恐惧心理，杜绝歧视和嘲笑。

语言文字是表达思维、文化知识及情感的工具，是社会交流的重要载体。一个国家有统一、规范的语言是营造良好社会环境、促进人民交流、增进民族凝聚力的基础，也是一个国家文化建设的重要条件。据新华网报道，截至2020年，我国普通话普及率已超过80%，“书同文，语同音”的梦想已经初步实现。作为一位中国公民，学好普通话不仅对我们自身的发展有帮助，也无形之中为国家的文化建设贡献了一份力量。

10 冒名顶替他人上学，有什么后果？

情景再现

因想有更好的发展，小秋打算报考某师范大学成人教育专业。在网络上填报信息时，她发现自己已经在某理工大学毕业。并没有上过大学的小秋感到诧异，想着会不会是巧合，经过与学信网、公安局和大学多方面联系，她最终确认这是真的。原来16年前，小秋已经被另外一个“某小秋”冒名顶替上了大学。小秋发现后，迅速向该理工大学及当地政府反映。该理工大学接到举报后，发布了《关于对某小秋进行学历注销处理的公示》，对冒名顶替者注销学历。随后，省教育厅、当地人民政府成立调查组，对这起事件进行调查。后来，顶替者所在单位将其作停职处理。冒名顶替他人上学会有什么样的后果呢？

法律分析

一直以来，高考被视为最公平、公正、公开的考试，成为可以改变一个人一生的途径。许多人寒窗苦读，贫困的家庭倾其所有，只求有出头之日。但近年来，被冒名顶替上大学的新闻接连曝光，让广大群众愤怒不已，也惋惜无论怎样处罚顶替者都无法挽回被顶替者的人生，大家因此都关注着相关人员犯了什么罪、应该怎样处罚。

首先，冒名顶替者的行为是一种侵权行为，侵犯了他人的姓名权。《民法典》第一千零一十四条规定："任何组织或者个人不得以干涉、盗用、假冒等方式侵害他人的姓名权或者名称权。"冒名顶替者侵害被顶替者的姓名权属于违法行为，应当承担法律责任。

其次，冒名顶替者违反了《教育法》第九条第一款规定："中华人民共和国公民有受教育的权利和义务。"根据《教育法》第七十七条规定，如果在招收学生工作中徇私舞弊，则对直接负责的主管人员和其他直接责任人员，依法给予行政处分；构成犯罪的，依法追究刑事责任。冒名顶替者侵害了被顶替者受教育的权利，使得被顶替者有巨大的损失，被顶替者可向法院起诉，要求冒名顶替者承担赔偿责任。

最后，冒名顶替他人身份还可能触犯刑法。《刑法》第二百八十条之二规定："盗用、冒用他人身份，顶替他人取得的高等学历教育入学资格、公务员录用资格、就业安置待遇的，处三年以下有期徒刑、拘役或者管制，并处罚金。组织、指使他人实施前款行为的，依照前款的规定从重处罚。国家工作人员有前两款行为，又构成其他犯罪的，依照数罪并罚的规定处罚。"

在冒名顶替过程中，必定会涉及伪造户籍、身份证等证件，属于伪造、变造、买卖国家机关公文、证件、印章罪，以及伪造、变造、买卖身份证件罪，将面临三年到十年不等的有期徒刑和罚金。贿赂公职人员，请求帮助的，还可能涉及行贿罪。而帮助冒名顶替者的其他人员，则可能涉及受贿罪、滥用职权罪、招收学生徇私舞弊罪等，将被追究刑事责任。

冒名顶替者因为自己的私心毁掉了另一个人的前程，偷走的是被顶替者的人生，冒名顶替他人上学无疑是令人痛恨、无法原谅的，在道德上，顶替者将受到众人的谴责，在愧疚中度过一生。在法律上，顶替者将为自己的行为承担相应的法律责任。

第三节 校园管理

1 学校能因学生违反校纪进行处罚吗?

情景再现

小单为某小学三年级的学生，因为贪玩，趁无人时多次向学校办公楼扔石头，砸坏了某办公室的窗户。经学校查实后，小单的班主任让小单围绕学校操场跑十圈作为惩罚。小单在跑步的过程中因体力不支晕倒被送往医院，家长得知后即刻找到学校理论，认为即便小单调皮捣蛋，学校也应该通知家长对其进行批评教育，学校或老师并没有处罚学生的权利，故要求学校对小单的住院承担责任。学校则认为，学校作为教育机构，有权对违反校规的学生进行一定的处罚，而跑步并不具有侮辱性质，且小单的行为情节恶劣，学校的做法没有问题。

法律分析

从目前全国中小学对学生管理的方式来看，对违反校纪的学生进行一定的处罚是普遍现象，学校或老师是否有惩戒权也一直有争议。《中小学教育惩戒规则（试行)》第七条规定:

“学生有下列情形之一，学校及其教师应当予以制止并进行批评教育，确有必要的，可以实施教育惩戒：（一）故意不完成教学任务要求或者不服从教育、管理的；（二）扰乱课堂秩序、学校教育教学秩序的；（三）吸烟、饮酒，或者言行失范违反学生守则的；（四）实施有害自己或者他人身心健康的危险行为的；（五）打骂同学、老师，欺凌同学或者侵害他人合法权益的；（六）其他违反校规校纪的行为。学生实施属于预防未成年人犯罪法规定的不良行为或者严重不良行为的，学校、教师应当予以制止并实施教育惩戒，加强管教；构成违法犯罪的，依法移送公安机关处理。”可见学校作为教育机构，对学生有管理义务，在一定条件下是有权对违反校纪的学生进行处分的。部分地区的学校安全条例也对学校的惩戒权进行了明确规定，例如，《广东省学校安全条例》第五十六条规定：“中小学校学生在校园内有用硬物投掷他人、推搡、争抢、强迫传抄作业等违反学校安全管理规定行为的，教师应当予以制止和批评，并可以根据实际情况采取与其年龄和身心健康相适应的教育惩戒措施。不得对学生实施体罚、变相体罚或者打骂、辱骂以及其他侮辱人格尊严的行为。”

《中小学教育惩戒规则（试行）》第四条规定：“实施教育惩戒应当符合教育规律，注重育人效果；遵循法治原则，做到客观公正；选择适当措施，与学生过错程度相适应。”第十二条明确规定了教师不可以实施的惩戒行为："教师在教育教学管理、实施教育惩戒过程中，不得有下列行为：（一）以击打、刺扎等方式直接造成身体痛苦的体罚；（二）超过正常限度的罚站、反复抄写，强制做不适的动作或者姿势，以及刻意孤立等间接伤害身体、心理的变相体罚；（三）辱骂或者以歧视性、侮辱性的言行侵犯学生人格尊严；（四）因个人或者少数人违规违纪行为而惩罚全体学生；（五）因学业成绩而教育惩戒学生；（六）因个人情绪、好恶实施或者选择性实施教育惩戒；（七）指派学生对其他学生实施教育惩戒；（八）其他侵害学生权利的。"所以学校或老师的惩戒措施应不具有侮辱性且应程度适当。

教育应立人为本，各学校应注意在制定违纪处分细则等校规校纪时把握合理的尺度。同样的惩罚对不同年龄的学生会产生不同的效果和影响，例如让一个高中的学生和一个小学的学生围操场跑十圈的性质是不一样的。上述情景中，虽然小单的确违反了校纪，学校也有权作出处分，但小单仅是一个小学三年级的学生，学校让其跑十圈的惩戒方式确实过重，学校和老师应该考虑小单的年龄和身心健康作出相适应的处分决定。惩罚不是目的，教育才是核心，学校在处理学生违反校纪的事件时，还应做好与学生家长的沟通工作，避免各方的误会。要做到既维护好学生的权利，也保证规范的教学秩序。

2 学校能对学生进行封闭式管理吗?

情景再现

某中学实行24小时全封闭式管理，规定学生在没有特殊情况下，不可以私自外出，有事需要外出的学生必须向班主任请假，班主任批准且签署意见，确定返校时间后才可以外出，逾期返校的要按照违反校纪处理。除了出校程序严格以外，学校还规定每个班主任在一个时间段只能批准一个学生外出，否则学生处不予盖章。为了封闭式管理有效进行、方便管理，学校制作了《出入校园管理规定》，规定中还明确了外出时发生的意外事故由学生本人负责。这种封闭式管理让部分学生家长觉得很省心，认为自己的孩子在这样的环境下可以心无旁骛地学习。但也有部分学生和家长认为，这种全封闭式管理实质上限制了学生的自由，学校仅仅是学生受教育的场所，学生应该拥有出行自由的权利，学校不应该，也没有权利禁止学生外出。学校能对学生进行封闭式管理吗?

法律分析

封闭式学习在一定程度上适合自制力差、需要冲刺的学生。一些家长认为封闭式管理不仅能够让孩子的学习成绩得到提升，也让孩子有机会尝试独立生活。但凡事都有两面性，也有家长认为封闭式管理是填鸭式教学，限制了孩子的自由，对孩子来说，失去自由、每天被强迫学习已经不利于身心健康了，还要在这个时候与家人分离，住不惯、吃不惯，实在是太苛刻了，难道这没有违反法律吗?

其实，目前并没有法律禁止学校实行封闭式管理，学校对学生的限制也仅局限于出入校门，这个限制也是执行封闭式管理的措施而已。学校对学生的封闭式管理仅仅对学生进出校园的时间作了规定，并没有严重到侵害学生的人身自由、违反法律。学校对学生本来就有教育、保护的义务，实行封闭式管理在一定程度上有利于安全防控，属于学校进行管理的一种手段，对于不适应这种管理模式的学生和家长，也可以选择普通的走读方式，与学校的封闭机制并不冲突。当然，学校实施封闭式管理也需要尽量人性化，注意限制的尺度。

除了部分学校因管理需要实行封闭式管理以外，在特殊情况下学校也需要采取必要的封闭手段，例如校外存在严重传染病，为了防控疫情而限制学生的出入，这种时候封闭式管理就具有一定的必要性和合理性。所以，学校进行合理、适宜的封闭式管理是可以的，作为学生和家长，对于必要的封闭式管理应予以配合，在可选择范围内根据自身的情况作出走读或接受管理的决定。

3 学校对附近的烧烤、零食摊有管理义务吗?

情景再现

E中学是某市一所大型中学，设有初、高中。由于学校人口多，各种烧烤、零食、奶茶甚至玩具摊点遍布四周，学生们放学后到各摊点购买食物解馋、加餐也逐渐成为习惯。某天，E中学的学生小陈下晚自习后到学校门口的烧烤摊吃了夜宵，第二天却上吐下泻，被送进医院，医生告知是因为小陈长时间食用垃圾食品，对肠胃造成了一定伤害。小陈的父母经询问后得知小陈几乎每天都吃学校门口摊贩的东西，其认为学校管理不善，没有对周围环境进行清理才造成了现在的情况，便向学校主张赔偿。而学校则认为，学校仅对校园内的环境提供保障，没有义务，也没有能力限制学生购买校园门口摊贩的食物，小陈的情况与学校无关。

法律分析

近些年来，各地对餐饮食品行业采取了更加严格的管控，固定场地和线上销售食物都需要卫生许可证，于是很多没有条件申请许可证的小商贩则选择摆摊的形式。青少年好吃、爱尝鲜，又没有太多卫生意识，这使得很多小商贩喜欢在学校附近摆摊设点，加上学生人流量大、消耗快，学校门口永远是最热闹的小食点。但我国大部分地区的义务教育条例中都明确规定，校门口50米范围内禁止摆摊设点或者从事妨碍教学秩序、影响学生身心健康的活动。如《贵州省学校学生人身伤害事故预防与处理条例》第十四条规定，中小学校门前及其两侧50米范围内，不能摆摊设点。《重庆市义务教育条例》第二十八条第二款规定："……学校门口五十米范围内禁止摆摊设点和从事妨碍教学秩序、影响学生身心健康的其他营业活动。"一般来说，中小学附近是不应该出现烧烤、零食摊的。大部分小商贩只看到学校附近的商机，并不知道自己是否可以这样做，学校作为学生的管理者，对学生有监护、管理、教育和保护的义务，可以通过在学校门口放小牌匾等方式普及、提醒所涉人员注意相关法律规定，适当对附近的摊点进行劝阻，劝阻无效可向相关部门举报。同时，也要提醒学生注意饮食安全，尽量到卫生的餐馆就餐，少购买没有卫生许可证的小商贩的食品。

小陈的父母主张学校因没有对周围环境进行清理而存在过错，是因为其没有正确理解学校对附近商贩是否有管理权限。学校只能对学生进行管理，学校和校外的商贩之间并不存在管理和被管理的关系，并且学校作为教育机构，没有执法管理权，所以没有清理校门口小商贩的权力，维持校门口各种秩序的能力也有限，家长不应一味地把责任归于学校。无论是学校还是家长，对于学生在校园外的活动都难以做到全面监督，二者需要互相配合，平时多与学生沟通，让学生有安全、卫生意识。学生也应该注意自己的身体健康，尽量好好吃正餐、到有卫生资质的餐厅就餐，少吃路边摊零食，在购买学校附近的烧烤、零食食用后不适也应引以为鉴，切记不要因一时嘴馋而影响身体健康。

4　学校对有偷摸行为的学生应该如何处置？

情景再现

近日有同学称，五年级的小胡多次盗走同学的文具、手表等物品，老师接到举报后便开始暗中观察小胡，通过观看教室、操场等多处监控录像发现，小胡经常在其他人离开后翻同学的东西并顺势拿走，甚至偷偷骑走学校里未上锁的自行车。学校联系到小胡的家长，希望与家长联合处理，但小胡的家长却表示自己孩子不会做这样的事情。与家长沟通无果后，有老师建议干脆报警处理，可学校认为，报警的方式过于极端，并且这样做也未必能够解决小胡偷窃的问题，但不报警又害怕小胡继续偷取他人物品，便向律师咨询应该如何处理。

法律分析

校园盗窃是如今常见的一种现象，懵懂的青少年可能因为羡慕人家拥有自己没有的东西，又不知道如何获得、不懂得调整自己的心态，而尝试盗窃。尝到“甜头”后便接二连三地做出同样的行为来获得自己想要的东西，盗窃的东西或大或小，也有青少年仅仅是因为寻求刺激而盗窃。与社会盗窃不同的是，学生的偷摸行为大多是心理原因导致的，加上年龄和认知的限制，学生并没有真正认识到这种行为带来的后果。根据《刑法》的规定，年满十六岁的未成年人犯盗窃罪的，才要承担刑事责任。小胡仅为小学五年级的学生，报警处理的方式确实不是最佳选择。

《预防未成年人犯罪法》第三十一条为学校处理不良行为学生提供了指导：“学校对有不良行为的未成年学生，应当加强管理教育，不得歧视；对拒不改正或者情节严重的，学校可以根据情况予以处分或者采取以下管理教育措施：（一）予以训导；（二）要求遵守特定的行为规范；（三）要求参加特定的专题教育；（四）要求参加校内服务活动；（五）要求接受社会工作者或者其他专业人员的心理辅导和行为干预；（六）其他适当的管理教育措施。”第三十三条规定：“未成年学生偷窃少量财物，或者有殴打、辱骂、恐吓、强行索要财物等学生欺凌行为，情节轻微的，可以由学校依照本法第三十一条规定采取相应的管理教育措施。”

学校在接到学生有盗窃行为的举报时，首先，要确认该学生是否真的有盗窃行为，一定要有实质性的证据后再参照上述规定进行正确处理。上述案例中，学校在接到同学的举报时，选择自行通过观察证实、监控取证的处理方式是最合适的，通常在没有实际证据的情况下，学生会因为自尊心而不承认自己的偷摸行为，直接告知家长学生的偷摸行为也比较难以让家长相信、接受，不利于事情的进一步处理。其次，学校需要注意处理的方式方法。未成年人的承受能力比较有限，不良的处理方式可能会让学生产生过激行为，如离家出走、产生报复心理，甚至羞愧自杀等。学校在训导学生时，应尽量保护学生的自尊，不在公开场合批评教育，同时与家长做好沟通工作，告诉家长学校的处理方式及原因，避免家长对校方产生误会。学校还需提醒家长妥善处理，摸清孩子产生这种现象的原因，切忌一味打骂。家长在发现自己的孩子有偷摸行为时，要及时与孩子沟通，了解孩子的心理，用孩子易接受的方式从心理和行为上积极引导，让孩子意识到事情的严重性。与此同时，教育孩子用正确的心态看待自己无法得到的东西也是非常重要的一步，必要时，可考虑请专业人员进行心理辅导和行为干预。

小偷小摸虽然不是暴力犯罪，看似危害不大，但错误的观念和心态对未成年人的影响也很深远，学校和家庭应该以保护和教育为主，帮助有错误苗头的学生走上正途。

5 学校应该如何处理旷课的学生？

情景再现

小王是某校初三的学生，父母常年在外地打工，其和爷爷奶奶一起生活。然而爷爷奶奶对小王也很少关心，从小缺少关爱的小王便与小区内健谈的、有爱心的秦大爷走得很近。某天傍晚小王找到秦大爷，说自己与爷爷奶奶吵架，不想回家也不想上课，请求在秦大爷家住两天，同样孤独的秦大爷便心软答应了，但劝小王要去学校上课。第二天上午，小王假装答应秦大爷出去上课，实际上自己在外面闲逛。上午班主任发现小王一直没来上课，便拨打小王父母的电话，但父母称在外地打工，不清楚小王为什么没有去上课，让班主任联系小王的爷爷奶奶。班主任没有小王爷爷奶奶的联系方式，也不知小王的住处，不知该如何处理。

法律分析

在正常上课时间，老师发现学生有无故缺勤现象的，应该尽快和学生的监护人取得联系，了解情况。经统计发现，大多数青少年犯罪都是从无故缺勤开始的，学校对学生有教育和保护的义务，有责任弄清楚学生为什么没有来校上课，并且根据实际情况进行处理。为了保护未成年人的利益，学校和家庭应当加强沟通，建立家校合作机制。学校决定对未成年学生采取管理教育措施的，应当及时告知其父母或者其他监护人；未成年学生的父母或者其他监护人应当支持、配合学校进行管理教育。虽然小王的父母在外打工，但学校发现小王有不良行为时，也应与小王的父母时常沟通，以解决小王出现的问题。

《预防未成年人犯罪法》第三十五条规定："未成年人无故夜不归宿、离家出走的，父母或者其他监护人、所在的寄宿制学校应当及时查找，必要时向公安机关报告。收留夜不归宿、离家出走未成年人的，应当及时联系其父母或者其他监护人、所在学校；无法取得联系的，应当及时向公安机关报告。"学校在上课期间遇到学生无故缺勤的，如果一直联系不到监护人，或监护人也不清楚学生去向，其应该及时向公安机关请求帮助，避免不良事件的发生，不能不闻不问、放任学生不见踪影。

《预防未成年人犯罪法》第三十六条规定："对夜不归宿、离家出走或者流落街头的未成年人，公安机关、公共场所管理机构等发现或者接到报告后，应当及时采取有效保护措施，并通知其父母或者其他监护人、所在的寄宿制学校，必要时应当护送其返回住所、学校；无法与其父母或者其他监护人、学校取得联系的，应当护送未成年人到救助保护机构接受救助。"本案中秦大爷心软收留了小王，却没有考虑到小王的家人、学校可能会因为找不到小王而担心，秦大爷应当在收留小王的同时，告知小王的家人。如果无法联系到小王的家人，应当报告或护送小王到相关机构。同样地，如果学生互相串门，需要留在同学家过夜，要提前告知父母，以免父母担心。同学的家长还应当征得其父母或其他监护人的同意，或者及时通知其父母或其他监护人、所在学校。

6 学校有权建立“欢乐基金”惩罚表现不好的学生吗？

情景再现

某重点中学初三A班为了鞭策大家守纪律、高效率学习，一直实行着各种特色管理教学，如同游戏关卡一般，学生的各种行为都有相应的奖惩制度。近日，班主任提出建立“欢乐基金”制度：老师会对违反纪律的同学进行扣分，例如迟到扣1分，未按时完成作业扣3分，每个月末老师会对每位同学的扣分总数进行计算，并要求被扣分的同学以每分5元人民币缴纳“欢乐基金”作为班费，在班级活动时使用。因为并没有收入来源，零用钱也有限，被罚钱必定会让家里人知道自己在学校违反纪律，所以学生们都害怕自己被罚钱。果然违反纪律的学生越来越少了。该班级的青青向父母反映了这种情况，父母认为学校或班级无权以这种方式管理学生，这侵害了学生的权益。

而学校认为，这种管理方式非常有效，并且“欢乐基金”最后是用于班级活动，也没有对学生的身心造成影响，并无不当。

法律分析

学校对学生有教育、管理的义务，但学校并不是执法机关，在惩罚手段方面需要把握尺度。虽然“欢乐基金”最后是用于班级活动，但学生支付“欢乐基金”是因为自己犯了错，并不是自愿的。“欢乐基金”实质上还是一种变相的罚款行为。罚款是一种行政处罚手段，《行政处罚法》第十七条规定：“行政处罚由具有行政处罚权的行政机关在法定职权范围内实施。”而根据《立法法》的相关规定可知，任何人身性、财产性的处罚都必须由法律授权的机关在法定权限内作出，即我们所说的“法无授权不可为”。所以学校作为教育机构，不属于法律中具有行政处罚权的行政机关，是没有罚款权利的。《义务教育法》第二十五条也明确规定：“学校不得违反国家规定收取费用，不得以向学生推销或者变相推销商品、服务等方式谋取利益。”

对于违反纪律的学生，学校或班级采取以批评教育为主的方式处理为宜。例如，对于情节轻微的情形，如没有完成作业、违反课堂纪律的，可参照《中小学教育惩戒规则（试行）》第八条规定实施惩戒：“教师在课堂教学、日常管理中，对违规违纪情节较为轻微的学生，可以当场实施以下教育惩戒：（一）点名批评；（二）责令赔礼道歉、做口头或者书面检讨；（三）适当增加额外的教学或者班级公益服务任务；（四）一节课堂教学时间内的教室内站立；（五）课后教导；（六）学校校规校纪或者班规、班级公约规定的其他适当措施。教师对学生实施前款措施后，可以以适当方式告知学生家长。”对于屡教不改、情节严重的学生，可参照《中小学教育惩戒规则（试行）》第九条、第十条规定，采取给予学生专门的训导、适当的停学、安排专门的课程或教育场所等措施。

本案例中，学校或班级没有罚款的权利，却采取罚款的方式惩罚学生，侵犯了学生及其家长的财产权。即便罚款确实是有效的管理方式，也并不是保证正常教学秩序的必要之举。学校可以根据事情的严重程度给予学生批评教育、警告记过等处分。因此，学校为了惩罚学生而建立“欢乐基金”是一种违规的行为，这种行为已经超出了对学生的管理权限。学校应避免使用任何形式的罚款手段，规范管理，才能真正建立一个良好的教育环境。学生也应该知法懂法，及时发现学校处理事件过程中的不妥之处，维护自身的权益。学生在学校中遇到侵权行为时，可及时跟家长反馈，参考父母的意见，寻求解决办法。如果事情严重、无法沟通解决，可以通过投诉、诉讼等途径维护自身权益。

7 学校对参加运动会项目的学生健康状况有审查义务吗?

情景再现

为准备区中学生运动会，学校组织部分学生在下午放学后留校练习，其中小袁报名了多项运动，同一天训练完跳高后，又被组织训练的老师分在长跑组参加训练。在训练过程中，小袁出现不适并倒地，训练老师在现场即刻采取了急救措施，并拨打120求助。120急救车到达现场后将小袁送往医院抢救，小袁最终经抢救无效死亡，死亡原因为室性心动过速，缺血缺氧性脑病，中枢性呼吸循环衰竭。小袁的家长认为学校让小袁参加多项运动已经不合理，在安排训练项目前也未审查学生健康状况，学校应当为小袁的死亡负责。学校则认为是小袁自己主动报名，小袁的家属也并没有向学校反映过小袁不适合参加体育活动，每年的体检报告也未显示小袁患有不适合参加运动的疾病，此次属于意外事件，学校不应该承担责任。

法律分析

学生在参加运动会或上体育课时突发疾病，是学校开展体育活动时的风险之一。学校为避免意外发生，常常会要求学生或其监护人如实反映学生的健康状况，但学生及家长可能也不了解学生是否有不能进行体育活动的疾病，或是出于其他原因未告知校方，最终导致悲剧发生。教育部颁布的《学生伤害事故处理办法》第十条规定："学生或者未成年学生监护人由于过错，有下列情形之一，造成学生伤害事故，应当依法承担相应的责任：……（三）学生或者其监护人知道学生有特异体质，或者患有特定疾病，但未告知学校的；……"第十二条规定："因下列情形之一造成的学生伤害事故，学校已履行了相应职责，行为并无不当的，无法律责任：……（三）学生有特异体质、特定疾病或者异常心理状态，学校不知道或者难于知道的；……"学校已经参考过小袁的体检报告，小袁自己或监护人也没有向学校反映过小袁不适合参加体育活动，在小袁出事的第一时间老师采取了抢救措施，本次事件学校已经履行了相应的职责。如果因学生未如实告知自己的健康状况，导致意外发生，学校无须承担此种情况下产生的后果，所以一般来说，校方是没有义务审查学生的健康状况的。

学校学生数量众多，并且许多特殊疾病都是常规体检难以发现的，所以在参加运动会时，学生需要对自己的健康状况做一个全面的了解再报名参加，避免意外发生。学生在运动过程中因突发疾病导致的意外事件，校方虽然对学生本身是否患有疾病没有审查义务，但在实践中，校方往往因存在发现救治不及时或是现场没有配备医疗人员等过错而承担一定的责任。因此，校方应注意配备一定的医疗资源，在发生此类事件时，可及时采取抢救措施。

8 学生因好奇破坏了学校消防设施，应该如何处理？

情景再现

小凯为小学四年级的学生，他发现每个教室里都挂了一个“神秘”的“铃铛”，上下课打铃的时候并不是它在响，好像也从来没有响过。小凯很好奇这个“铃铛”是干什么用的，便想趁午休时间探个究竟。小凯独自来到教室，踩着凳子试图偷偷将“铃铛”拆下。谁知“铃铛”突然响起，老师们闻声赶来，发现小凯已将学校的消防铃破坏。学校一方面觉得事情严重，另一方面觉得小凯也确实无恶意，不知道如何处理较好。

法律分析

消防铃是一种常见的消防设施，一般设在空间较小的室内。被小凯破坏的“铃铛”，正是安置在教室里的消防设施。在建筑物内发生火灾时，消防设施具有自动报警、自动喷水等功能，能够及时控制火势。所以保证消防设施的完好、有效是各场地管理人应尽的义务。根据建筑特点的不同，各种消防设施的位置、大小都有讲究，场所的管理人应随时注意设施的情况，发现问题时需及时整改，保证设施有效性，避免火灾事故的发生。

消防设施作为重要的安全工具，学校有义务注意保护。《消防法》第二十八条规定："任何单位、个人不得损坏、挪用或者擅自拆除、停用消防设施、器材，不得埋压、圈占、遮挡消火栓或者占用防火间距，不得占用、堵塞、封闭疏散通道、安全出口、消防车通道。人员密集场所的门窗不得设置影响逃生和灭火救援的障碍物。"学校作为场地管理人，除了要防止他人破坏消防设施以外，定期对消防设施进行检查维护也是有必要的。

上述案件中，小凯破坏消防铃是出于好奇，不明白那是什么，所以学校应考虑定期对学生进行消防安全教育和开展必要的演练，让学生认识到消防设施的重要性，避免学生因好奇而破坏了消防设施。对于已损坏的消防设施，应及时联系物业进行更换，避免安全隐患。受到教育后的小凯，必定会明白事情的严重性，所以难免会产生羞耻之心。所以学校在对小凯进行批评教育的时候，也需要注意方式方法，尽量不在公开场合对破坏消防装置的学生进行点名批评，注重宣传消防安全知识，告知其他学生注意保护学校的消防设施，在教育的同时充分保护学生的自尊。

9 学生在学校的发明、创造，专利权归谁所有？

情景再现

小郭是某高校的技术高材生，他对发明、创造极其热爱，积极参加学校组织的各项科研项目。为了保护自己的智力成果，小郭提出要给自己研究发明的东西申请专利保护。学校为了鼓励人才，不仅答应会将小郭的所有发明申请专利保护，还答应为专利缴纳年费，以保持专利的有效性。受到鼓舞的小郭更加用心研究了，想着以后将自己的专利卖掉也能赚不少的钱。但在某日，小郭接到一个技术咨询电话，让他感到莫名其妙。经询问才知道，学校把他发明的专利用在了某个项目上，为此，小郭感到非常不愉快，其认为专利上的“发明人”明明是自己，学校不可以未经他的同意免费地使用他发明的专利，而学校认为，小郭所参加的研究项目都是学校组织的，研究过程中利用的也是学校的资源，申请专利的费用及年费都由学校支付，学校才是该专利的所有权人，双方因此产生纠纷。

法律分析

专利是指某个人或单位对某种物品、技术享受专有的权益和利益，用来保护发明不被他人非法利用，目前我国的专利分为发明、实用新型和外观设计三种类型。专利证书上列有申请人及发明人，记载了发明创造的内容和用途。《专利法》第六条第一款规定：“执行本单位的任务或者主要是利用本单位的物质技术条件所完成的发明创造为职务发明创造。职务发明创造申请专利的权利属于该单位，申请被批准后，该单位为专利权人。该单位可以依法处置其职务发明创造申请专利的权利和专利权，促进相关发明创造的实施和运用。”也就是说，发明创造的那个人不一定是专利的所有权人。上述案例中，虽然专利的研究发明人是小郭，但研究项目的发起人是学校，小郭只是参加学校组织的项目，与其他学生和老师合作研发，且学校提供了主要的物质技术条件，根据法律规定，学校才是专利权人。

本案中，小郭可以与学校协商并签订协议，获取一定的劳务费。如果发明创造并不是学校科研经费资助的项目任务，而是由小郭自费、独立完成的，根据《专利法》第六条第二款“非职务发明创造，申请专利的权利属于发明人或者设计人；申请被批准后，该发明人或者设计人为专利权人”的规定，专利的所有权人自然为小郭，若学校擅自窃取小郭的智力成果申请专利，小郭可以追究学校的侵权责任，并请求变更权利人名称。

双方之所以产生纠纷，是因为小郭没有弄清自己在这个项目中的角色地位，不理解专利发明人并非专利权利人，和学校是一种劳务关系，产生了误会。此外，双方也没有在事前对专利的使用、收益的分配进行明确的约定。

10 学校安装监控设备是否侵犯学生的隐私权？

情景再现

诺诺是小学六年级的学生。近日，班主任通过教室里的监控设备，发现诺诺多次在上课时做与学习无关的事，例如与同学传纸条、看小说、玩手机等。班主任便在某节英语课时，直接走入教室，将诺诺抓个正着，并告知诺诺会通知其家长。受到当众批评又害怕面对家长指责的诺诺，在当天放学后选择离家出走。家长到学校找老师进行理论，认为用监控设备监视自己孩子一举一动的管理方式不当，这种行为侵犯了孩子的隐私权，才导致了孩子心理受挫、离家出走。而学校认为，老师及其他学校管理人员精力有限，不可能随时盯着学生的一举一动，安装监控设备是为了方便管理，是合情合理的，学校并没有过错。双方就学校是否应当安装监控设备的问题发生争执。

法律分析

监控摄像头是人类的另一双眼睛，可以做到 24 小时不眠不休地观察、工作，为众多公众场合的秩序管理提供了便利，但同时也被部分不法分子利用。目前我国法律没有明文规定学校或其他组织不可以使用监控摄像头进行管理，也没有规定使用监控设备必须通过某个相关部门的审批，原则上只要不侵犯公共安全和他人隐私，便可以安装。学校和教室属于学校管理的公共场所，并不是私密空间，所以学校在教室安装监控设备的行为并无不当。学生在教室中的行为，是属于学校管理的正常范围的，既然老师有管理学生在上课时行为的权利，那么通过监控设备来查看情况就不构成侵权。老师通过监控将违反纪律的诺诺“抓个正着”，和老师自己在教室里发现诺诺违反纪律没有本质上的区别，而诺诺因为受挫离家出走也不是安装监控设备必然产生的结果，家长认为学校安装监控设备不妥的思想略过激。

虽然在教室里安装监控设备的行为本身不涉及侵权，但老师在管理的过程中需要注意处理方式，不应随意将监控到的内容进行公开，应结合实际情况充分考虑，否则可能涉及侵权。例如，老师通过监控发现学生存在传纸条的行为，查看上课纪律情况，发现传纸条及时打断的行为本身不涉及侵权，但当打开纸条发现是一封情书或某个学生不愿让其他人知道的秘密，老师却当场在全班同学的面前念出的行为便侵犯了学生的隐私权。此外，学校还需注意在安装监控设备的场所公示告知相关人员，可以选择张贴“此处安装监控”字条等方式提醒，并且安装的场所不可以直接涉及隐私，例如厕所、学生宿舍等，虽然这些场所也是学校管理的范围，但属于私密空间，直接关系到学生的隐私，不可以安装监控。同学们也应自觉遵守课堂纪律，以正确的心态面对监控，监控仅仅是老师视线延伸的一种方式，无须心存压力。

第三章

家庭法律知识

第一节　家庭权利义务与继承权

1 被收养的孩子与亲生父母间还有法律上的关系吗？

情景再现

小夏在很小的时候就与自己的亲生父母走散了，被好心人送到了福利院。因小夏长得可爱、性格乖巧，很快就被老李夫妇看中，收养了小夏，并将小夏抚养大。成年后，小夏接到福利院的电话，称小夏亲生父母一直在寻找小夏，近日找到福利院询问小夏的下落，问小夏是否愿意联系他们。因为好奇，与养父母商量后，小夏决定见见两位老人家。小夏的亲生父母见到小夏时，表示一直没有忘记女儿，并说他们没有其他亲人了，所有的财产将会留给小夏，以弥补多年来的亏欠。小夏很困惑：现在自己已经有养父母了，还能继承亲生父母的财产吗？自己对亲生父母又是否还有赡养义务？

法律分析

《民法典》第一千一百一十一条规定：“自收养关系成立之日起，养父母与养子女间的权利义务关系，适用本法关于父母子女关系的规定；养子女与养父母的近亲属间的权利义务关系，适用本法关于子女与父母的近亲属关系的规定。”上述案例中，小夏已经被老李夫妇收养，与老李夫妇已经形成了法律上的亲子关系。虽然小夏和亲生父母存在血缘上的关系，但从小夏被收养那天开始，其与亲生父母的权利义务关系就因收养关系的成立而消除了。如果小夏的亲生父母依旧认为小夏是自己唯一的牵挂，想把所有财产留给小夏，需要通过立遗嘱或者赠与的方式，不能通过法定继承的方式。但与此同时，小夏和老李夫妇已是法律上的父母子女关系，老李夫妇抚养了小夏，小夏对老李夫妇有赡养义务，并且可以继承老李夫妇的遗产。

但是，法律也鼓励被收养的子女扶养生父母，《最高人民法院关于适用〈中华人民共和国民法典〉继承编的解释（一）》第十条规定：“被收养人对养父母尽了赡养义务，同时又对生父母扶养较多的，除可以依照民法典第一千一百二十七条的规定继承养父母的遗产外，还可以依照民法典第一千一百三十一条的规定分得生父母适当的遗产。”如果小夏成年后，同时对养父母、生父母尽赡养和扶养的义务，那么小夏可以同时继承养父母和生父母的遗产。收养制度解决了被遗弃儿童生存问题、保护了未成年人的权益，同时，法律也保障了好心收养人士“好心有好报”。生父母将子女带到了这个世界，养父母让养子女吃饱穿暖、给予了养子女生活条件，无论是生父母还是养父母，都是亲人。古话说血浓于水，但养育之情也是恩，即便不是亲生的，被收养的孩子也有义务照顾、赡养自己的养父母。有条件的，也可以同时扶养自己的生父母。

2 收养小孩的父母必须符合什么条件？

情景再现

三十五岁的老王早年丧妻，独自抚养着儿子小王。某日老王在单位组织的贫困山区献爱心活动中，看到山区一名小女孩长相俊俏、十分可爱，加之小女孩家境贫穷，以后可能无力送女孩上学，老王便想收养小女孩，想着小女孩长大后要是能嫁给小王，简直就是一件“一举两得”的好事。老王找到小女孩的家人沟通时，却被村主任告知自己不符合收养条件。不甘心的老王找到律师咨询，收养人必须符合什么条件？自己是否有机会收养那个小女孩？

法律分析

收养是指收留、养育非自己的子女，收养、被收养人以及送养人都需要具备一定的条件。例如，丧失父母的孤儿、生父母有特殊困难无力抚养、查找不到生父母的未成年人才能被收养，只有孤儿的监护人、儿童福利机构及有特殊困难无力抚养子女的生父母才能将孩子送养。对于收养人的条件，法律设置了一定的门槛。首先，收养必须以营造被收养人的有利成长环境为原则，《民法典》第一千零四十四条规定：“收养应当遵循最有利于被收养人的原则，保障被收养人和收养人的合法权益。禁止借收养名义买卖未成年人。”老王收养的出发点在于觉得小女孩可爱，希望小女孩长大后能够嫁给自己的儿子，显然不利于被收养人，侵犯了被收养人的合法权益，不符合收养的原则。其次，《民法典》第一千一百零二条规定：“无配偶者收养异性子女的，收养人与被收养人的年龄应当相差四十周岁以上。”老王今年才三十五岁，且无妻子，也明显不符合收养小女孩的条件。所以，收养人即便有意愿、有能力收养小孩，也需要符合一定的条件。

设置一定的收养门槛是为了保障被收养人的成长环境，《民法典》第一千零九十八条规定：“收养人应当同时具备下列条件：（一）无子女或者只有一名子女；（二）有抚养、教育和保护被收养人的能力；（三）未患有在医学上认为不应当收养子女的疾病；（四）无不利于被收养人健康成长的违法犯罪记录；（五）年满三十周岁。”但法律对符合其他条件，又有收养意愿的收养人也给予了机会，例如收养三代以内同辈旁系血亲的子女，可以不受生父母有特殊困难无力抚养的条件限制和无配偶者收养异性子女的，收养人与被收养人的年龄应当相差四十周岁以上的限制。华侨收养三代以内同辈旁系血亲的子女，还可以不受子女数量的限制。随着社会的发展和国民经济水平的提高，遗弃儿童的现象越来越少，而想收养小孩的，也都以低龄、健康为标准。《民法典》第一千一百条规定："无子女的收养人可以收养两名子女；有子女的收养人只能收养一名子女。收养孤儿、残疾未成年人或者儿童福利机构抚养的查找不到生父母的未成年人，可以不受前款和本法第一千零九十八条第一项规定的限制。"① 无论如何，收养在解决社会问题的同时，更是为了给处境困难的未成年人一个更好的成长环境，不可以损害被收养人的合法权益。

3　父母离婚后，不抚养子女的一方有什么义务?

情景再现

小李的父母因感情不和，在他很小的时候就离婚了，妈妈因为害怕小李得不到好的照顾，便和小李的爸爸商量由自己来抚养小李。父母离异后，小李再也没有见过自己的爸爸，一直跟随妈妈生活。在小李小学六年级的时候，其生病住院，花了

① 此处的限制即无子女或者只有一名子女。

大量医药费，小李的妈妈已经无力负担。医院的工作人员提醒小李的妈妈，可以尝试联系孩子的爸爸，可小李的妈妈觉得，小李的抚养权是自己争取来的，应该由自己承担小李所有的开销，小李的爸爸还有义务承担小李的医药费吗？

法律分析

许多夫妻离婚后都希望老死不相往来，在双方经济能力都还不错的情况下，离婚后直接抚养孩子的一方都宁愿独自承担孩子的抚养费。随着时间的推移，如果不直接抚养孩子的一方与孩子接触很少，便会出现默认自己无须支付抚养费的情况。《民法典》第一千零八十四条规定："父母与子女间的关系，不因父母离婚而消除。离婚后，子女无论由父或者母直接抚养，仍是父母双方的子女。离婚后，父母对于子女仍有抚养、教育、保护的权利和义务……"只要子女未成年，父母都有抚养的义务，并不会因为父母的离婚而消除。上述案例中，即便小李的爸爸不直接抚养小李，对小李仍有抚养义务，在小李十八岁之前，小李的爸爸都应该支付抚养费。小李的妈妈在无力负担小李的生活费、教育费、医疗费时，可以向小李的爸爸提出主张，要求其承担相应费用。

所以，父母离异后，不直接抚养子女的一方与子女仍然存在权利义务关系，不能以自己不直接抚养子女为由而拒绝承担相应的义务。父母在办理离婚手续时，应就子女抚养费的数额、支付时间作出详细约定，以保障子女的权益。如果一方拒绝履行，或者直接不同意支付抚养费，另一方可以向有关部门反映，进行调解处理，也可以向人民法院起诉，请求法院依照诉讼程序处理，法院可以依法强制执行。拒绝抚养情节恶劣的，还可能构成遗弃罪，被追究刑事责任。

根据《最高人民法院关于适用〈中华人民共和国民法典〉婚姻家庭编的解释（一）》第四十九条的规定，关于抚养费的数额，主要从子女实际需要、父母双方负担能力以及当地的实际生活水平三个方面进行确定，一般为支付抚养费一方月总收入的20%—30%，没有固定工资的，依据当年总收入或者同行业平均收入，参照上述比例支付。当然，如果当初双方抚养费约定的数额已不符合当下子女的日常开销水平或给付一方的支付能力，也可以在一定条件下要求增加或减少，例如物价调整、子女升学、子女患病时可以要求增加，给付一方长期患疾病或丧失劳动能力的可以要求减少。无论如何，支付抚养费都是父母对未成年子女应尽的义务，父母不能因婚姻破裂而连累无辜的孩子。

4 父母离婚后可以单方要求孩子改姓吗？

情景再现

王先生和张女士原是夫妻，后因为感情不和，协商一致离婚。双方约定，儿子小王跟随张女士生活，由王先生每月支付抚养费，并且每个周末王先生都可以带小王回自己的住处。数年后，张女士重新组建了家庭，由于新的丈夫并不姓王，总有不知情的人问起儿子为什么姓王，张女士觉得不太方便，便把儿子的姓改为了张。王先生知道后大怒，认为这种行为就是要让儿子断绝与自己的关系，便开始拒绝支付抚养费，张女士也因此拒绝王先生的探望，双方关系越来越僵，小王夹在中间左右为难。

法律分析

像王先生和张女士这样的情况在离婚夫妻中并不少见，夫妻离婚后，在孩子跟随母亲的情况下，许多母亲都会想要更改子女的姓氏，并觉得理所应当。而受传统文化的影响，子女的父亲对这种行为一般是难以理解的。那么子女可以跟母亲姓吗？《民法典》第一千零一十五条规定：“自然人应当随父姓或者母姓，但是有下列情形之一的，可以在父姓和母姓之外选取姓氏：

（一）选取其他直系长辈血亲的姓氏；（二）因由法定扶养人以外的人扶养而选取扶养人姓氏；（三）有不违背公序良俗的其他正当理由。少数民族自然人的姓氏可以遵从本民族的文化传统和风俗习惯。”所以，子女并不是一定要随父姓。离婚后，母亲是可以变更子女的姓氏的，但如同给子女取名时，名字是父母给予的，需要父母双方协商一致，任何一方都无权擅自更改子女的姓名，除非子女成年后，自己要求变更。

在实践中，很多父母并没有和对方协商，或协商了但并未达成一致意见，就直接变更子女的姓名。一般来说，在知道双方没有就改名问题达成一致意见的情况下，公安机关是可以拒绝受理的。《最高人民法院关于适用〈中华人民共和国民法典〉婚姻家庭编的解释（一）》第五十九条规定：“……父或者母擅自将子女姓氏改为继母或继父姓氏而引起纠纷的，应当责令恢复原姓氏。”如果一方向公安机关隐瞒了离婚的事实，而变更了子女姓名，另一方发现之后要求恢复其子女原姓名或者双方协商不成的，公安机关应予以恢复。因此，离婚后孩子改姓，不经过对方同意，即便更改成功，对方也可以要求变更回来。

另外，《最高人民法院关于适用〈中华人民共和国民法典〉婚姻家庭编的解释（一）》第五十九条规定：“父母不得因子女变更姓氏而拒付子女抚养费……”所以王先生因为张女士变更了孩子的姓氏而拒绝支付抚养费的做法并不能得到支持。

5 子女是否可以在父母没有离婚的情况下主张抚养费？

情景再现

小李的父母因出现婚姻问题而分居，分居期间小李一直随着妈妈生活。父母分居一年多来，小李的父亲对小李不闻不问，从未支付过抚养费，不对小李尽抚养义务。小李认为自己还未成年，父亲的行为已经侵犯了自己的合法权益，即使父亲与母亲未离婚，自己也有权请求父亲支付抚养费，便起诉到法院。小李的父亲则认为，自己与小李的母亲并没有离婚，也没有书面约定财产归各自所有，所有钱都是夫妻共同财产，小李的母亲为小李花的钱就是他的钱，自己不应再额外支付小李的抚养费。法院审理后判决小李的父亲向小李支付抚养费。①

法律分析

因感情破裂而分居的夫妻就子女抚养问题产生纠纷的情况时有发生，不与子女生活在一起的一方常以未离婚作为不支付子女抚养费的理由。《民法典》第二十六条第一款规定：“父母对未成年子女负有抚养、教育和保护的义务。”从公平原则以及

① 案例改编自河北省石家庄市新华区人民法院（2016）冀0105民初561号民事判决书。

保护未成年人合法权益的角度出发，无论父母是否离婚，其对未成年子女都有抚养的义务。如我们所知，在父母离婚后，不直接抚养的一方应支付抚养费，但离婚并不是主张抚养费的前置条件。《最高人民法院关于适用〈中华人民共和国民法典〉婚姻家庭编的解释（一）》第四十三条明确指出，如果在婚姻关系存续期间，父母双方或者一方拒不履行抚养子女义务，未成年子女或者不能独立生活的成年子女也可以在父母没有离婚的情况下请求支付抚养费。抚养费包括子女的生活费、教育费、医疗费等费用。

本案中，小李的父亲称以夫妻共同财产支付小李的抚养费，但支付抚养费不是对夫妻共同财产的分配，而是向子女尽法定的抚养义务，不能随意免除。父母对子女的抚养义务本应由父母共同承担，与双方的婚姻状况无关。所以小李的父亲并不能以没有离婚作为不支付抚养费的理由。

6 父母可以遗弃有疾病的孩子吗？

情景再现

祝女士与刘先生系夫妻关系，刘先生因嫌弃祝女士生下患有先天性心脏病的女孩，在祝女士生育期间不管不问，女儿出生后虐待女儿，对女儿的疾病也不出钱治疗，对祝女士非打即骂，且以各种方式将祝女士赶出门，还与他人串通将婚内住房出租，使祝女士无家可归。祝女士和女儿无住所、无生活来源、有病无钱医，有过激自杀行为。疫苗接种站不敢给祝女士的女儿接种疫苗，导致女儿入学困难，祝女士向社区、妇联、派出所等机构寻求帮助，但刘先生经多次教育仍不悔改。祝女士便请求法院对刘先生以虐待罪、遗弃罪等追究刑事责任。[①]

法律分析

法律规定父母有教育、保护未成年子女的权利和义务，父母不可以因为孩子患有疾病而拒绝承担义务和责任。《刑法》第二百六十一条规定了遗弃罪："对于年老、年幼、患病或者其他没有独立生活能力的人，负有扶养义务而拒绝扶养，情节恶劣的，处五年以下有期徒刑、拘役或者管制。"也就是说，抛弃自己的孩子情节恶劣的，不仅违法，还构成犯罪。刘先生的做法不仅违背了夫妻之间应相互扶持、照顾的义务，不对自己孩子履行抚养义务甚至遗弃更是违反了刑法规定。

人生而平等，从出生那一刻开始便享有民事权利，即便有先天性的缺陷，也不影响与生俱来的权利。任何一条生命都值得被认真对待，不可以被虐待、抛弃。抛弃自己有疾病的孩子，

① 案例改编自湖北省武汉市洪山区人民法院（2017）鄂0111刑初第958号刑事裁定书。

不仅可能构成遗弃罪，如果将孩子丢在荒郊野岭或其他难以得到救助的地方，还可能以故意杀人罪论处。无论在道德上还是法律上，抛弃子女都是不被允许的，是一种逃避责任的行为。作为父母，既然给予孩子生命，将他们带到这个世界上，便应该对他们负责，让孩子有一个良好的成长环境。当孩子有病或者有其他困难时，可以寻求社会帮助，例如通过媒体、网络等渠道寻求帮助，扩大募捐范围，让各地有爱心的人士进行捐赠，或者向相关组织了解、咨询照顾孩子、帮助孩子的方法，而不是抛弃。

7 爷爷奶奶、外公外婆是否对孙子女、外孙子女有抚养义务？

情景再现

小阳的父亲在小阳很小的时候就去世了，小阳与妈妈一起生活。小阳的爷爷奶奶对小阳疼爱有加，经常探望小阳。在小阳五岁那年，妈妈决定改嫁，并且打算让小阳随母姓。爷爷奶奶知道后，认为小阳妈妈的举动是要让小阳和自己脱离关系，小阳妈妈改嫁也必定会对小阳不利，便打算向法院起诉要求变更小阳的抚养权。爷爷奶奶有权要求变更抚养权吗？他们原本对小阳又是否具有抚养义务呢？

法律分析

按照我国的家庭传统观念，爷爷奶奶总会担心自己的儿子去世后，孙子女的母亲改嫁会对自己的孙子女不好，便主张自己行使对孙子女的抚养义务。事实上，如果孩子的父母有一方在世，爷爷奶奶、外公外婆是不享有对孙子女或外孙子女的抚养权的。《民法典》第一千零七十四条规定："有负担能力的祖父母、外祖父母，对于父母已经死亡或者父母无力抚养的未成年孙子女、外孙子女，有抚养的义务。有负担能力的孙子女、外孙子女，对于子女已经死亡或者子女无力赡养的祖父母、外祖父母，有赡养的义务。"根据这条规定可知，爷爷奶奶、外公外婆对孙子女、外孙子女的抚养义务也是有条件的，只有在孩子的父母都死亡或无法抚养未成年子女的情况下，祖孙之间才会发生抚养关系。爷爷奶奶、外公外婆对孙子女或外孙子女的抚养仅具有补位性质，爷爷奶奶、外公外婆是不可以随意争夺孙子女或外孙子女的抚养权的，对孙子女或外孙子女也没有必然的抚养义务。同样地，孙子女、外孙子女对爷爷奶奶、外公外婆也没有直接的赡养义务，这一义务只有在老人的子女都死亡或者无力赡养的情况下才会启动。

上述案例中，小阳的妈妈还在世，并且愿意、也有能力抚养小阳，爷爷奶奶是不可以争夺抚养权的。如果爷爷奶奶确实不放心小阳，可以尝试与小阳的妈妈协商，在小阳的妈妈同意的情况下，爷爷奶奶可以变更为小阳的监护人，让小阳随自己生活。

养老扶幼是我国的传统，法律将抚养和赡养的义务限于父母与子女之间，一方面是因为每个人的精力和能力有限，无法顾及所有亲人；另一方面是因为公民的权利和义务应该有一定的范围，才更容易落实。在这个基础上，法律规定了隔代亲人之间权利义务的补位性质，解决了特殊情况下的老人与未成年人的生存问题。

8 谁可以成为未成年人的监护人？

情景再现

晓婷陪妈妈去医院看病时，发现医院门口有位老太太抱着一个女婴，旁边的纸条写着"请好心人收养"。经询问得知，老太太当初为同村一个独自居住的女人接生，接生完后因同情女人无人照顾，便好心留下帮女人照看刚出生的小孩，谁知那个女人却在某天悄悄离开了，再也没有回来，也不知道孩子的父亲是谁。数日后老太太才意识到，这个孩子可能被抛弃了，可老太太自己也无力抚养，便想找个好心人将女婴领走，将她收留、养大成人，但是已经好几天了也无人问津。晓婷心生怜悯，但自己的家庭也无力负担，只好带着老太太到当地法律援助中心咨询谁可以成为女婴的监护人。

法律分析

一般情况下，未成年人的监护人是他们的父母。但是对于查找不到父母或者父母没有能力履行监护职责的情况，此时就需要父母以外的人来承担起监护抚养未成年人的责任。

一方面，未成年人的祖父母、外祖父母以及其他家庭成员都可以成为他们的监护人，根据《民法典》第二十七条规定，祖父母、外祖父母以及未成年人的兄、姐，有监护能力的，都可成为未成年人的监护人。所以，如果女婴的父母没有能力抚养，如果能找到孩子的爷爷奶奶、外公外婆或兄、姐，可以让他们做孩子的监护人。

另一方面，其他愿意担任监护人的个人或者组织也可以成为未成年人的监护人。根据《民法典》第二十七条的规定，其他愿意担任监护人的个人或者组织可以担任监护人，但是须经未成年人住所地的居民委员会、村民委员会或者民政部门同意。可见，在未成年人的亲属都无法履行监护职责时，相关的组织或个人可以成为他们的监护人，也就是我们平时所了解到的被其他人收养或者送儿童福利机构等途径。《民法典》第三十一条中还规定："……被监护人的人身权利、财产权利以及其他合法权益处于无人保护状态的，由被监护人住所地的居民委员会、村民委员会、法律规定的有关组织或者民政部门担任临时监护人……"当未成年人暂时没有监护人时，还可以由当地的村委会、居委会等组织担任临时监护人。如果老太太没有能力抚养，可以找当地的村委会、居委会等帮忙联系，将女婴送至儿童福利机构。

9 生父母需要抚养非婚生子女吗？

情景再现

杨先生与王女士为男女朋友关系，杨先生在得知女友王女士怀孕后，依旧不愿意与王女士结婚，王女士只好未婚生下杨小小。后来杨先生与王女士分手，儿子杨小小便随母亲王女士生活，由王女士单独抚养。在杨小小十五岁时，王女士身体情况不佳，抚养儿子越来越困难，所以王女士便要求杨先生承担部分杨小小的抚养费，但遭到杨先生拒绝。杨先生认为，自己与王女士并没有婚姻关系，当初也是王女士自己决定要生下杨小小的，杨小小的一切都与自己无关，自己不应承担杨小小的抚养费。

法律分析

非婚生子女是指没有合法婚姻关系的男女所生子女。每个生命都有平等的权利，非婚生子女也不例外。为保障非婚生子女的相关权利，避免未成年人因非婚生在成长过程中遭受不公对待或抚养缺失的情况，《民法典》第一千零七十一条规定：“非婚生子女享有与婚生子女同等的权利，任何组织或者个人不得加以危害和歧视。不直接抚养非婚生子女的生父或者生母，应当负担未成年子女或者不能独立生活的成年子女的抚养费。”根据该条规定可知，即便男女双方没有婚姻关系，生父母也是有抚养非婚生子女的义务的。本案中，杨小小虽然是非婚生子女，但是也享有与婚生子女相同的权利，生父母对其也有抚养的义务，因此杨先生应该支付杨小小的抚养费，或者直接承担起抚养杨小小的责任，直至杨小小能独立生活为止。在实践中，父母一方不尽抚养义务的，另一方或子女自己可向法院起诉，要求履行抚养义务，以保障子女的合法权益。

同样地，非婚生子女的抚养也涉及抚养权和抚养费的确定。与离婚时确定婚生子女的抚养权一样，男女双方可以对非婚生子女的抚养权进行协商，签订一份关于非婚生子女的抚养协议作为保障。抚养费的数额与婚生子女一致，每月一般为不直接抚养一方月总收入的20%—30%。

子女是父母生命的延续，是父母一生的羁绊，生育孩子并不是一件小事。实践中，夫妻离婚时能好聚好散的不多，没有婚姻关系就子女抚养问题达成一致意见的更少，在没有确定婚姻关系前，应当慎重考虑，切忌一时冲动和任性，给自己、给孩子造成一生的痛苦。

10 未成年人的生父去世后，继母是否有抚养义务?

情景再现

宋先生与张女士结婚时，宋先生已有一个五岁的儿子宋小山，婚后两人共同抚养宋小山。然而好景不长，一天宋先生在过马路时不幸发生交通事故并身亡。在处理完宋先生的后事后，张女士打算开始新的生活，她认为宋小山并不是自己亲生的，带着宋小山不方便自己再嫁，不愿意继续承担抚养宋小山的义务。张女士找到律师咨询，想知道在宋先生死亡后，自己还有没有抚养宋小山的义务。

法律分析

法律为保障继子女有一个健康的成长环境，确保继子女接受抚养教育等权利不受侵犯，在《民法典》第一千零七十二条规定："继父母与继子女间，不得虐待或者歧视。继父或者继母和受其抚养教育的继子女间的权利义务关系，适用本法关于父母子女关系的规定。"虽然继父母和继子女之间不存在血缘关系，但在法律上与亲生子女有着同样的权利和义务。《民法典》第二十六条规定："父母对未成年子女负有抚养、教育和保护的义务。成年子女对父母负有赡养、扶助和保护的义务。"可见未成年人的生父去世后，继母是有抚养义务的。

在案例中，宋先生与张女士在婚后共同抚养宋小山，已经产生了事实上和法律上的抚养关系。虽然张女士与宋小山之间没有血缘关系，但是从法律上说，张女士已经是宋小山的监护人了，这种基于监护人身份产生的抚养、教育义务，不会因为没有血缘关系或是宋先生的死亡而消失。所以张女士仍然需要抚养宋小山，直至宋小山能够独立生活。

11 子女成年后还可以要抚养费吗?

情景再现

小佩患先天智力残疾，智力远低于同龄人。在小佩十八岁那年，父母因为感情不和而离婚，小佩跟随妈妈生活。因为小佩情况特殊，妈妈照顾小佩的饮食起居已经比较辛苦了，也没有太多心思可以放在事业上，收入一直不高，加上小佩的情况需要长期治疗、调理，生活费加上昂贵的医药费让小佩的妈妈觉得压力很大。小佩的爸爸以小佩已成年为理由拒绝承担小佩的任何费用。小佩的妈妈想通过法律途径获得帮助，但不确定子女成年后是否还可以主张抚养费。

法律分析

法律规定父母对未成年子女有抚养、教育、保护的义务，是因为未成年人的行为能力、认知水平有限，也没有能力养活自己，出于对未成年人的保护，规定了父母的义务。而有些情况特殊的成年子女，也是没有养活自己的能力的，法律同样也会给予保护。《民法典》第一千零六十七条第一款明确规定，父母不履行抚养义务的，未成年子女或者不能独立生活的成年子女，有要求父母给付抚养费的权利。所以特殊情况的已成年子女是有权利要求父母给付抚养费的，而特殊情况的核心在于子女不能独立生活。《最高人民法院关于适用〈中华人民共和国民法典〉婚姻家庭编的解释（一）》第四十一条规定："尚在校接受高中及其以下学历教育，或者丧失、部分丧失劳动能力等非因主观原因而无法维持正常生活的成年子女，可以认定为民法典第一千零六十七条规定的'不能独立生活的成年子女'。"小佩先天智力残疾，在生活都不能自理的情况下，找到工作的可能性很低，所以小佩是肯定不能独立生活的，父母应当给予一定的帮助。

父母因感情破裂而离婚可能已经给子女带来一定的影响，若能积极资助子女顺利完成学业，也算是帮助子女迈出人生重要的一步。对于根本没有办法独立生活的子女，例如小佩，父母不仅负有道德义务，还负有法定义务，父母有抚养能力的，即使子女已成年，也应当履行抚养义务。

12 非婚生子女可以继承父母的财产吗?

情景再现

黄先生与陈女士婚后育有一女黄小晴，在婚姻关系存续期间，黄先生出轨另一女子李女士，并悄悄和李女士在外育有一子李小朗。某日黄先生在健身时，突发心脏病死亡。黄先生生前并未立遗嘱，黄先生的家人询问律师后得知，黄先生的遗产只能按照法定继承。在遗产分配时，黄先生的父母与陈女士发生纠纷，向法院提起诉讼。法院在确定继承人时，黄先生的父母突然说出李小朗的存在，认为李小朗也是黄先生的儿子，也有权继承黄先生的遗产，而陈女士则认为黄先生与李女士并没有婚姻关系，李小朗当然无权继承黄先生的遗产。双方就李小朗是否具有继承权的问题产生争议。

法律分析

《民法典》第一千一百二十七条规定："遗产按照下列顺序继承：（一）第一顺序：配偶、子女、父母；（二）第二顺序：兄弟姐妹、祖父母、外祖父母。继承开始后，由第一顺序继承人继承，第二顺序继承人不继承；没有第一顺序继承人继承的，由第二顺序继承人继承。本编所称子女，包括婚生子女、非婚生子女、养子女和有扶养关系的继子女。本编所称父母，包括生父母、养父母和有扶养关系的继父母。本编所称兄弟姐妹，包括同父母的兄弟姐妹、同父异母或者同母异父的兄弟姐妹、养兄弟姐妹、有扶养关系的继兄弟姐妹。”非婚生子女基于血缘关系，同样可以继承父母的遗产。此外，《民法典》第一千零七十一条第一款规定：“非婚生子女享有与婚生子女同等的权利，任何组织或者个人不得加以危害和歧视。”所以非婚生子女的权利，并不因为父母不存在婚姻关系而受到限制。从该条规定可知，即便李女士和黄先生不存在婚姻关系，李小朗是非婚生子女，但在继承方面也享有与婚生子女相同的权利，同黄小晴一样，李小朗也可以继承黄先生的财产。

除了未结婚的男女生育的子女外，人工授精所生的子女也适用关于父母与子女之间的法律规定。《最高人民法院关于适用〈中华人民共和国民法典〉婚姻家庭编的解释（一）》第四十条明确规定，婚姻关系存续期间，夫妻双方一致同意进行人工授精，所生子女应视为婚生子女。所以不管什么情况、什么方式所生的子女，都享有同等的权利。

法律之所以保障非婚生子女的权益，是因为即便非婚生子女的父母存在过错，孩子也是无辜的，不应为父母的过错埋单。父母是孩子最好的老师，也是影响孩子成长环境最直接的因素。

父母在作出生育决定时，应多考虑孩子的未来，为孩子负责。比起财富，和谐美满的家庭才是给孩子最好的礼物。

13 继子女可以继承继父母的财产吗?

情景再现

李女士和前夫育有一女李小雪，离异后李小雪一直跟随李女士生活。在李小雪十岁时，李女士与王先生登记结婚，组建新家庭，两人又育有一女王小雨。若干年后，王先生意外身亡，在关于遗产分配问题上，王小雨与李小雪发生了争执。王小雨认为，李小雪与自己的父亲是基于李女士才有一定的关系，现在父亲已去世，李女士已经是“自由身”，那么李小雪也与父亲没有任何关系了，李小雪不应该继承父亲的遗产。而李小雪认为，自己的母亲与王先生合法登记结婚，自己也随他们一起生活，自己和王先生之间已经形成法律上的父女关系，当然有权继承王先生的财产。双方因此诉至法院。

法律分析

关于继子女是否可以继承父母遗产的问题，《民法典》第一千一百二十七条规定：“遗产按照下列顺序继承：（一）第一顺序：配偶、子女、父母；（二）第二顺序：兄弟姐妹、祖父母、外祖父母。继承开始后，由第一顺序继承人继承，第二顺序继承人不继承。没有第一顺序继承人继承的，由第二顺序继承人继承。本编所称子女，包括婚生子女、非婚生子女、养子女和有扶养关系的继子女。本编所称父母，包括生父母、养父母和有扶养关系的继父母。本编所称兄弟姐妹，包括同父母的兄弟姐妹、同父异母或者同母异父的兄弟姐妹、养兄弟姐妹、有扶养关系的继兄弟姐妹。”虽然继子女与继父母没有血缘关系，但是并不影响其享有继承财产的权利，只要继子女与继父母之间存在扶养关系，就可以继承财产。

而扶养关系的确立，是否与收养一样，需要办理相关手续呢？夫妻离婚携带子女与他人另组家庭的情况并不少见，《最高人民法院关于适用〈中华人民共和国民法典〉继承编的解释(一)》第十九条对扶养关系的确立作出明确说明：“对被继承人生活提供了主要经济来源，或者在劳务等方面给予了主要扶助的，应当认定其尽了主要赡养义务或主要扶养义务。”所以只要继父母事实上养育了继子女，便可以认定存在扶养关系，符合大部分重组家庭的状况。本案中，在李小雪还是未成年人时，李女士与王先生已组成家庭，且多年来王先生一直尽到了抚养李小雪的义务，所以无论是王小雨还是李小雪都有继承王先生遗产的权利，并且在遗产分配方面也是平等的。

俗话说“养育之恩大于生育之恩”，继父母与继子女在同一屋檐下朝夕相处，即便不存在血缘关系，感情也可能是深厚的。这条规定为营造和谐家庭奠定了基础，权利和义务并不依附于存在血缘关系。同样地，法律以公平为原则，继子女也需要知恩图报，对抚养自己的继父母承担赡养的义务。

14 父母可以代替孩子放弃遗产继承权吗？

情景再现

小叶的父母因感情不和决定离婚，由于小叶年纪尚小，对妈妈的依赖比较大，父母离婚后小叶一直随着妈妈生活，小叶的爸爸对小叶的感情也逐渐淡薄，不再探望。在小叶十岁那年，小叶的爸爸因车祸去世，小叶的爷爷找到小叶的妈妈，表示这些年来他们两母子不容易，想把小叶爸爸的所有遗产都给小叶，且表示自己也打算立遗嘱，把叶家的财产全部留给小叶。小叶的妈妈却拒绝接受叶家所有的“恩惠”，认为小叶爸爸抛妻弃子在先，自己和小叶是绝对不会原谅他，也不会接受叶家任何东西的。我们知道，在法律上小叶依旧是有叶家的继承权的，小叶的妈妈作为小叶的监护人，可以替小叶拒绝继承吗？

法律分析

未成年人在行使各种权利时受到一定的限制，作为监护人的父母可代理未成年子女行使某些权利，但需要尊重子女的真实意愿，且不能损害子女的利益。《民法典》第三十五条第一款、第二款规定："监护人应当按照最有利于被监护人的原则履行监护职责。监护人除为维护被监护人利益外，不得处分被监护人的财产。未成年人的监护人履行监护职责，在作出与被监护人利益有关的决定时，应当根据被监护人的年龄和智力状况，尊重被监护人的真实意愿。"上述案例中，首先，小叶已经年满十岁，对于一些事物已经有了基本的判断，妈妈在替小叶作出放弃继承的决定时，应该考虑小叶是否愿意。其次，放弃继承权的行为损害了小叶的财产权益，属于对小叶不利的行为。即便小叶的妈妈代理小叶放弃继承权，也会因损害了子女的利益而无效。所以妈妈是不可以代替小叶拒绝继承的。

那么如果小叶愿意听从妈妈的意见，又是否可以自行放弃继承权呢？从法律上讲，放弃继承权属于单方的法律行为，要行使必须具备完全民事行为能力，未成年人作为无民事行为能力人或限制民事行为能力人，其本人也是无法放弃继承权的。所以小叶在成年之前，自己是无法主动放弃继承权的。

第二节 监护职责

1 父母打骂子女严重时构成犯罪吗？

情景再现

王女士与自己七岁的女儿小李关系一直不太和睦，一天上午，王女士在自己经营的“两元超市”内，因琐事采用打嘴巴、脚踢腹部的方式殴打女儿小李，致小李受伤。次日，小李经送医院抢救无效死亡。经法医鉴定，被害人小李符合因腹部外伤引起横结肠穿孔，进而导致弥漫性腹膜炎，最终因致呼吸、循环功能衰竭而死亡。当地公诉机关指控王女士犯故意伤害罪，王女士承认自己殴打孩子的事实，但认为父母打孩子是正常现象，造成孩子死亡是过失行为，没想到自己的行为会构成犯罪。①

法律分析

我们每个人在成长过程中，多少都挨过父母的打，“黄金棍下出孝子”也是很多父母的传统思想。事实上，无论出于什么

---

① 案例改编自江苏省常熟市人民法院（2018）苏0581刑初45号刑事判决书。

样的目的，父母打骂孩子都违反了对子女身体健康的保护义务。《未成年人保护法》第十五条第一款规定：“未成年人的父母或者其他监护人应当学习家庭教育知识，接受家庭教育指导，创造良好、和睦、文明的家庭环境。”第十七条规定：“未成年人的父母或者其他监护人不得实施下列行为：（一）虐待、遗弃、非法送养未成年人或者对未成年人实施家庭暴力；……”虽然打骂子女是为了教育子女，但是把子女打伤，甚至打死，就是违法犯罪了，必须予以惩罚。

父母将子女打成轻伤、不构成犯罪的，由公安机关予以行政处罚。如果父母将子女打成重伤或将子女打死，将被追究刑事责任。《刑法》第二百六十条规定：“虐待家庭成员，情节恶劣的，处二年以下有期徒刑、拘役或者管制。犯前款罪，致使被害人重伤、死亡的，处二年以上七年以下有期徒刑……”第二百三十四条规定：“故意伤害他人身体的，处三年以下有期徒刑、拘役或者管制。犯前款罪，致人重伤的，处三年以上十年以下有期徒刑；致人死亡或者以特别残忍手段致人重伤造成严重残疾的，处十年以上有期徒刑、无期徒刑或者死刑。本法另有规定的，依照规定。”王女士殴打女儿小李的程度过重，无论出于什么样的初衷，都导致了小李死亡的结果，应当承担刑事责任。

未成年人的身体、心灵都比较脆弱，父母应以正确的教育方式，给子女营造一个健康、和谐的家庭环境。子女从小被频繁打骂、得不到尊重，对子女的身体、心理都有极大的影响，甚至导致子女反抗或逃离。所以，盲目地打骂子女并不能真正起到教育作用，不仅可能对子女造成不良影响，父母也可能因为出手过重造成意外，承担刑事责任。面对犯错的子女，父母应以沟通教育、正确引导为主，找到子女犯错的原因所在，才能真正地解决问题。

2 父母可以偷看子女的日记、手机吗？

情景再现

潇潇为高中一年级的学生。近日潇潇的妈妈发现，潇潇老是心不在焉，放学到家后就拿着手机躲进卧室，周考月考成绩也越来越差。每次妈妈尝试与潇潇沟通寻找原因，潇潇都回避称成绩下降就是没发挥好而已，回答完又回到自己房间，不愿意跟妈妈继续沟通。百思不得其解的妈妈趁潇潇去洗澡时偷偷看了潇潇的手机，发现原来是潇潇早恋了。控制不住情绪的妈妈立刻质问潇潇是否早恋、那个男孩是谁，潇潇也勃然大怒，认为妈妈不应该偷看自己的手机，这种行为侵犯了自己的隐私权。

法律分析

俗话说“三岁一个代沟”，父母与子女的年龄差使得互相不能理解、难以沟通的情况并不特殊。加之父母为长辈，子女对父母有敬畏心理，要像朋友一样完全说出心里话就更加不容易了。为了了解子女心理，防止子女误入歧途，部分父母会选择偷看子女的日记、手机来了解子女的内心世界。《民法典》第一千零三十二条规定：“自然人享有隐私权。任何组织或者个人不得以刺探、侵扰、泄露、公开等方式侵害他人的隐私权。隐私是自然人的私人生活安宁和不愿为他人知晓的私密空间、私密活动、私密信息。”按照这个定义，父母偷看子女的日记、手机的行为似乎侵犯了子女的隐私，但法律也规定了父母对于未成年人的监护责任，当特殊关系权利义务发生冲突时，便需要考虑隐私权的边界了。

《未成年人保护法》第十六条明确规定：“未成年人的父母或者其他监护人应当履行下列监护职责：……（二）关注未成年人的生理、心理状况和情感需求；（三）教育和引导未成年人遵纪守法、勤俭节约，养成良好的思想品德和行为习惯；……”第十七条规定：“未成年人的父母或者其他监护人不得实施下列行为：……（六）放任未成年人沉迷网络，接触危害或者可能影响其身心健康的图书、报刊、电影、广播电视节目、音像制品、电子出版物和网络信息等；……”不可否认，父母在履行这些法定义务时，需要时刻关注子女的想法，对子女的日常行为进行了解，如果子女不愿意沟通交流，父母就只能通过查看日记、手机等途径去了解。未成年人的心理还不够成熟，对自身行为的性质和后果不能有正确的理解和把握，所以不能滥用隐私权。

上述案例中，潇潇已经是一名高中一年级的学生，拥有自己不想被人知道的秘密也是很正常的，妈妈偷看潇潇的手机确有不妥。但潇潇毕竟还未成年，如果成绩下滑不是因为早恋，而是因为沾染了一些不良行为，那么后果不堪设想。由于潇潇拒绝沟通，妈妈无法了解情况，偷看手机也是履行监护职责的手段，情有可原。当然，父母在教育子女的时候，应通过沟通或其他适当的方式了解子女，在确保子女没有误入歧途的同时，也应该给子女属于自己的空间。

3 父母可以处分子女的奖学金等财产吗？

情景再现

小田是学校里出名的“小天才”，不仅学习成绩优异，在写作方面也很突出，多次获得校园写作奖项，赢得奖学金。年仅七岁的小田已经被外界所知悉。某出版社找到小田，在小田父母同意下签约出版了一本科幻小说，小说刚上架就被售空。小田小小年纪已经赚钱不少。小田的父母认为应该帮小田理财，便想将小田获得的奖学金、稿费等拿来炒股，赚取更多的钱。那么，小田的父母有权利这么做吗?

法律分析

未成年人属于限制民事行为能力人，只能从事与自己年龄和智力相匹配的民事活动，对财产的处分也不例外。但未成年人对自己财产的处分权和所有权并不是同一个概念。《民法典》第十三条规定："自然人从出生时起到死亡时止，具有民事权利能力，依法享有民事权利，承担民事义务。"所以虽然孩子未成年，不能单独从事一些活动，但具有拥有财产的权利，获得的奖学金应属于孩子自己的财产，其他人是不可以随意处分的。同样，除了孩子自己获得的财产（如奖学金、稿费等），其他人赠与孩子的财产（如压岁钱、贵重礼物等）也归孩子自己享有，不能因为孩子未成年而否定其所有权。小田通过自己的智力劳动获得奖学金和稿费，享有奖学金和稿费的所有权，故这些钱属于小田而不是小田父母。

既然未成年人有权获得财产，对自己的财产拥有所有权，那么作为未成年子女的监护人，对未成年的孩子承担抚养和监护义务，是不是一定可以处分孩子的财产呢?《民法典》第三十五条第一款、第二款规定："监护人应当按照最有利于被监护人的原则履行监护职责。监护人除为维护被监护人利益外，不得处分被监护人的财产。未成年人的监护人履行监护职责，在作出与被监护人利益有关的决定时，应当根据被监护人的年龄和智力状况，尊重被监护人的真实意愿。”所以，父母在处分子女的财产时，目的必须是维护子女的利益，从子女的角度出发，不能按照自己的意愿随意使用，更不能作出对子女不利的处分。例如，父母可以用子女的奖学金为其交学费，或者是存起来为子女买房，但不可以把子女的奖学金拿去给自己买新衣服、请朋友吃饭、转赠给他人等。小田父母的初衷是从子女利益角度出发的，但他们选择用炒股的方式来理财具有一定的风险性，要是所买股票亏损了则是做了不利处分。即便出发点是好的，但父母在选择处分子女财产的方式时，也应考虑未来可能产生的后果。若子女的年龄智力已达到可以对相应事件提出意见时，父母还应参考子女的意见，与子女沟通后再作出决定。

4 父母可以给子女安排“娃娃亲”吗？

情景再现

小洲是一名十四岁的男生，小洲的爸爸妈妈通过同村媒人王大妈的介绍，认识了十二岁的小柳及小柳的父母。一番了解后，小洲的父母决定替小洲向小柳提亲，双方协商由小洲家支付小柳家5万元作为彩礼，分两次支付。小洲的父母支付小柳的父母25000元后，带小柳到自己家一起生活。可不到半年时间，小柳就独自离开了小洲家。两家人因为返还彩礼的事未能达成一致，诉至法院。法院经审理后认为，小洲的父母明知小洲和小柳是在校未成年学生，仍为他们订立婚约，属于违法行为。小洲父母支付给小柳父母的费用是进行非法活动的财物，主张返还不应得到支持。而小柳的父母也实施了违法行为，依法应当予以训诫并收缴违法所得。

法律分析

在我国古代，大多数人的婚姻都是父母之命、媒妁之言，只要经过了提亲、拜天地等一系列仪式便是被大众认可的有效结婚方式，虽然“娃娃亲”现在依旧存在于一些偏远山区，但《民法典》第一千零四十一条明确规定在我国“实行婚姻自由、一夫一妻、男女平等的婚姻制度。保护妇女、未成年人、老年人、残疾人的合法权益”。被父母包办的婚姻，是没有法律效力的。

受传统观念影响，很多人对青梅竹马的感情也有过憧憬，一些关系好的朋友也会开玩笑相互约定，要是生了一男一女就让他们结为夫妻。但“娃娃亲”并不受法律保护，在子女一方不愿意的情况下，并不需要履行任何法定手续，只要遵从自己的意愿追求自己心中所爱即可。《民法典》第一千零四十二条第一款规定："禁止包办、买卖婚姻和其他干涉婚姻自由的行为。禁止借婚姻索取财物。"所有的中国公民都有婚姻自由，包办干涉他人婚姻属于违法行为，父母也不例外。为了保护未成年人的权益不受侵害，《未成年人保护法》第十七条也规定："未成年人的父母或者其他监护人不得实施下列行为：……（九）允许、迫使未成年人结婚或者为未成年人订立婚约；……"所以小洲和小柳父母为他们订"娃娃亲"，属于法律禁止的行为，小洲父母要求返还的"彩礼"属于进行非法活动的财物，自然得不到法院的支持。

虽然社会在进步，大多数年轻人也选择自由恋爱，但在结婚前，年轻人也会先征求父母的意见，父母可能因为关心自己的子女，以自己子女过得好为出发点而阻止。这种行为不及"娃娃亲"那样直接、严重，但也属于干涉了子女的婚姻。俗话说"家和万事兴"，作为父母，应该多理解子女，相信子女的眼光，尽量不把自己的意愿强加于子女。而作为子女，也应该对父母多一份理解，与父母多交心、沟通，切忌"得理不饶人"。

5 父母可以称"女子无才便是德"不让女儿上学吗？

情景再现

思思是一名十二岁的女孩。在思思小学快毕业时，思思的爸爸提出让思思辍学进城学手艺。因为思思的爸爸觉得，反正思思从小不聪明，学习成绩也不太好，不如早点赚钱，把钱留给思思的弟弟以后上学。而思思的妈妈坚决反对，认为即便思思不聪明、成绩不好，也应该让女儿读书，长长见识。爸爸坚持己见，认为古人都说“女子无才便是德”，思思迟早都是要嫁人的，思思这样的情况确实没必要再花钱供她读书。双方因为思思上学的问题产生争执。

法律分析

在我国一些偏远山区，部分父母因为家庭条件不好或者“重男轻女”的传统观念等因素不愿意让女儿上学，这种行为同时违反了《义务教育法》和《未成年人保护法》。《义务教育法》第四条规定：“凡具有中华人民共和国国籍的适龄儿童、少年，不分性别、民族、种族、家庭财产状况、宗教信仰等，依法享有平等接受义务教育的权利，并履行接受义务教育的义务。”思思才十二岁，还没有完成国家规定的九年义务教育，思思的爸爸不让思思上学是违反法律规定的。《义务教育法》第五条第二款规定：“适龄儿童、少年的父母或者其他法定监护人应当依法保证其按时入学接受并完成义务教育。”所以思思的爸爸不仅不能阻止，还有义务保证思思按时入学并完成义务教育。此外，《未成年人保护法》第十六条规定：“未成年人的父母或者其他监护人应当履行下列监护职责：……（五）尊重未成年人受教育的权利，保障适龄未成年人依法接受并完成义务教育；……”第十七条规定：“未成年人的父母或者其他监护人不得实施下列行为：……（五）放任或者迫使应当接受义务教育的未成年人失学、辍学；……”思思学习成绩不好、是女孩子，绝对不可以成为思思的爸爸剥夺思思受教育权利的借口。

无论是男是女，只要是在九年义务教育阶段，都应该接受教育。在女儿完成义务教育后，一些观念落后的父母可能会认为让女儿继续读书是一种失败的投资。读书可能不是唯一的出路，但给了子女以后更多选择的可能性。即便完成了义务教育，就子女是否继续上学的问题，有条件的父母应尽量尊重子女自己的意见，帮助子女走向他们想要的人生。

6 父母有权干涉子女交朋友吗？

情景再现

安安是一名十六岁的中学生，从小听话懂事，学习成绩优异。某日，安安在学校附近的餐馆认识了同岁的娜娜，风趣幽默、个性鲜明的娜娜让安安羡慕不已，但娜娜已经辍学了，在一间酒吧当驻唱歌手，安安便经常去那间酒吧看娜娜的演出，两人成为无话不谈的好朋友。后来安安的父母发现安安总是很晚回家，于是他们在下晚自习后跟踪安安，发现了安安认识娜娜的事。父母没想到安安竟然去这种地方，气愤地将安安带回家，不许安安再和娜娜来往。此外，父母还查看安安的手机，看安安有没有其他不良行为，节假日更是把安安锁在房间不让他出去。安安难过不已，认为父母无权干涉自己交朋友。

法律分析

父母作为未成年人的监护人，在处理未成年人的一些事务时有一定的权利和义务。《民法典》第二十六条第一款规定："父母对未成年子女负有抚养、教育和保护的义务。"第一千零六十八条规定："父母有教育、保护未成年子女的权利和义务。未成年子女造成他人损害的，父母应当依法承担民事责任。"可见父母需要对未成年子女成长的每一个步骤负责。未成年人是非辨别能力比较弱，在充满诱惑的世界里，父母难免会担心子女交友不善，从而在一定程度上干涉子女交朋友。

父母干涉孩子交朋友是否违法，具体要看父母为此做出了哪些举动，这些举动是否涉及孩子的生活隐私、是否侵犯了孩子的合法权益。上述案例中，安安的父母不仅翻看安安的手机，节假日更是限制安安的行动自由。《民法典》第一千零一十一条规定："以非法拘禁等方式剥夺、限制他人的行动自由，或者非法搜查他人身体的，受害人有权依法请求行为人承担民事责任。”父母在没有与安安沟通了解情况的状态下，根据片面印象断定娜娜是“坏人”，这样的处理方式显然有些过当。

子女在某些年龄阶段，心理上也会有些叛逆。父母不正确的教育方式不仅触犯法律，还有可能让子女做出过激行为。父母应该根据子女的年龄、心理状态选择正确的教育方式，自己先成为孩子的朋友，多与孩子沟通交流，正确引导，让孩子能够判断哪些朋友可以交，哪些朋友不该交，自己做出选择。

7 父母可以安排子女参加商业活动赚钱吗？

情景再现

妞妞是一名童模。某日，妞妞在拍摄时被妈妈踢踹的视频在网络上曝光。视频中，妞妞将小篮子放到了地上，没有摆出指定的拍照姿势，被妈妈从后面踹了一脚。这一脚，让瘦小的妞妞往前踉跄了一下，之后她没哭没闹，又拿起了小篮子。除了被曝光的视频，有人说自己曾在现场见过妞妞拍摄，她有时一天要拍上百套衣服，出工早，收工晚。在寒冷的初春，穿着单衣单裤，在大人的指示下摆着各种姿势拍摄的妞妞，看着让人心疼。作为一个三岁的孩子，足够的睡眠与营养才能保证她茁壮成长，可是妞妞却承担着比大人还要累的工作。对于妞妞超时工作的问题，有童装店主出面回应，他们也劝过妞妞妈不要给妞妞接太多工作。“妞妞”事件在网络上持续发酵，引发网友们对于童星这一群体的关注，以及父母是否可以安排孩子参加商业活动等问题的讨论。

法律分析

目前我国没有明文规定禁止父母安排子女参加商业活动，但是法律对部分参加商业活动的未成年人年龄提出了要求，例如《广告法》第三十八条第一款、第二款规定：“广告代言人在广告中对商品、服务作推荐、证明，应当依据事实，符合本法和有关法律、行政法规规定，并不得为其未使用过的商品或者未接受过的服务作推荐、证明。不得利用不满十周岁的未成年人作为广告代言人。”所以如果未成年人参加的商业活动是拍摄广告，则必须年满十周岁。

此外，一些商业活动也可能不利于未成年人的身心发展。《未成年人保护法》第四条明确规定：“保护未成年人，应当坚持最有利于未成年人的原则。处理涉及未成年人事项，应当符合下列要求：（一）给予未成年人特殊、优先保护；（二）尊重未成年人人格尊严；（三）保护未成年人隐私权和个人信息；（四）适应未成年人身心健康发展的规律和特点；（五）听取未成年人的意见；（六）保护与教育相结合。”上述案例中，妞妞经常一天换上百套衣服，早出晚归，这种工作强度明显不是一个三岁孩子能够承受的。虽然法律并不禁止父母安排子女参加商业活动，但是高强度的商业活动不利于未成年人的身心健康。

如果因为频繁参加商业活动影响了未成年人的学习，还可能侵犯孩子的受教育权。《未成年人保护法》第十六条规定："未成年人的父母或者其他监护人应当履行下列监护职责：……（五）尊重未成年人受教育的权利，保障适龄未成年人依法接受并完成义务教育；……"第十七条规定："未成年人的父母或者其他监护人不得实施下列行为：……（五）放任或者迫使应当接受义务教育的未成年人失学、辍学；……"

如果子女有某方面的天赋，父母安排子女参加商业活动并不为过，但在安排活动时不能影响子女正常的学习和生活。不能为了攀比或是为了利益而让子女参加过多的商业活动，这样做既不利于子女的成长，也侵犯了子女的合法权益。

第四章

社会法律知识

第一节　权利与保护

1　未成年人可以工作吗?

情景再现

小颖从小就不爱学习，因为学习成绩不好、长相平平，在学校里也一直不受同学待见。日复一日的学习让小颖对生活充满了迷茫，不知道自己什么时候才能不用上学。越来越消极的小颖学习成绩也越来越差，最终没有考上高中。家里人看小颖在学校闷闷不乐，便鼓励小颖去学一门手艺，起码要能够养活自己。小颖想了想，觉得学会做蛋糕，以后开一家属于自己的蛋糕店也挺好的，于是来到一家蛋糕店应聘学徒，可蛋糕店以小颖未成年为由拒绝了她。小颖今年已经十六岁了，也没有身体和智力上的障碍，那么一定要等到成年了才可以工作吗?

法律分析

在这个网络、信息较发达的时代，未成年人也都较早开始有自己的想法。我们从小就听过一句话:“读书不是唯一的出路，但它能给你一个好出路。”所以大部分人还是会选择完成学业，找到心仪的工作。但不得不承认的是，每个人擅长的领域也确实有差异，有的人觉得学习文化知识是提升自己、开阔眼界的好方法，有的人却觉得文化知识难以入脑，更喜欢着手去做实际工作。《劳动法》第十五条规定："禁止用人单位招用未满十六周岁的未成年人。文艺、体育和特种工艺单位招用未满十六周岁的未成年人，必须遵守国家有关规定，并保障其接受义务教育的权利。"出于对未成年人的保护，该法第六十四条还规定："不得安排未成年工从事矿山井下、有毒有害、国家规定的第四级体力劳动强度的劳动和其他禁忌从事的劳动。"由此可见，年满十六周岁的未成年人是有劳动的权利的。

如我们所知，我国法律规定，未成年人必须完成九年义务教育，对于完成九年义务教育的未成年人，《未成年人保护法》第八十五条规定："各级人民政府应当发展职业教育，保障未成年人接受职业教育或者职业技能培训，鼓励和支持人民团体、企业事业单位、社会组织为未成年人提供职业技能培训服务。"除了单位和社会团体外，部分学校也会根据学生的实际情况，给予学生转入职业技术学校的机会，在一定程度上保障学生今后的就业。

完成九年义务教育的未成年人一般还不到十八岁，所以法律在保护未成年人的基础上，也给予了十六周岁以上未成年人工作的权利，《未成年人保护法》第六十一条规定："任何组织或者个人不得招用未满十六周岁未成年人，国家另有规定的除外。营业性娱乐场所、酒吧、互联网上网服务营业场所等不适宜未成年人活动的场所不得招用已满十六周岁的未成年人。招用已满十六周岁未成年人的单位和个人应当执行国家在工种、劳动时间、劳动强度和保护措施等方面的规定，不得安排其从事过重、有毒、有害等危害未成年人身心健康的劳动或者危险作业。任何组织或者个人不得组织未成年人进行危害其身心健康的表演等活动。经未成年人的父母或者其他监护人同意，未成年人参与演出、节目制作等活动，活动组织方应当根据国家有关规定，保障未成年人合法权益。”

小颖已经年满十六周岁，按照法律规定是可以参加工作的，并且在蛋糕店做学徒也不会对小颖的身心健康造成影响，但每个用人单位的需求不同，招聘人员的标准也会有差异，年满十六周岁的未成年人可以工作，不代表用人单位一定得接受，也没有法律规定用人单位必须优先录用未成年人。未成年人和监护人还是应该从长远角度出发，从各方面因素去考虑参加工作合适还是继续受教育合适。

2　未成年人可以做证人吗?

情景再现

张三因李四与自己妻子关系暧昧，心生怨恨，便携带麻袋和木棍潜伏在李四回家的路上，决定“教训”一下李四。在张三刚用麻袋套住李四时，李四立即挣脱并发现袭击自己的人是张三，即刻掏出一把小刀欲刺之，两人厮打期间，李四不慎被自己的小刀戳中要害身亡。因有证人陈述张三透露过杀人动机，且张三的确购买过一些作案工具，故张三涉嫌故意杀人被捕。但有一位十一岁的小学生林小明说，当天下补习班路过，自己目睹了全过程，看见小刀是李四自己掏出来并想刺杀张三，张三因为想阻止才与之厮打。林小明是整个过程的唯一目击证人，但因为林小明年纪尚小，张三的家人找到律师询问：林小明是否可以做证人？

法律分析

证人证言可在刑事案件中起关键性作用，由于未成年人的认知程度、辨别是非能力可能不如成年人，许多人会在未成年人是否可以作证、作证的效力程度方面存在疑问。事实上，法律并不要求，亦不参考证人对于案件事实的分析或者评价，证人的主观证言是不具有参考意义的，只要证人可以对知道的事实陈述清楚即可。根据《刑事诉讼法》第六十二条规定：“凡是知道案件情况的人，都有作证的义务。生理上、精神上有缺陷或者年幼，不能辨别是非、不能正确表达的人，不能作证人。”也就是说，法律对证人的年龄并没有限制，只要是精神正常、能辨别是非、可以正确表达的人，都可以做证人。所以满足一定的条件下，未成年人是可以做证人的。本案中，林小明智力、精神正常，可以正确表达自己的所见所闻，是可以作为证人的，且林小明的证言效力不会因为年龄问题而受到限制。

对于未成年人证言的效力，判断标准并非年龄，而是等同于成年人，主要根据证人证言是否具有主观色彩、与当事人一方是否存在利害关系、与其他证人证言是否存在矛盾等方面进行综合参考。林小明只是碰巧经过，与张三、李四均不存在任何利害关系，所以林小明可以依法作为本案的证人。

3　收入达到纳税标准的未成年人需要缴纳个人所得税吗？

情景再现

阿齐是一名十六岁的少年，不仅能说会道，吹拉弹唱也样样都会。在直播和短视频的热潮下，拥有才艺和俊俏外表的阿齐很快成为“网红”，平台账号的粉丝也日益增加。一些商家联系到阿齐，给出不菲的广告费，让阿齐在视频和直播间帮自己的商品打广告，阿齐在适合自己风格、形象的商家中选出了好几家合作。尚未成年的阿齐凭借着直播平台的打赏和广告费，收入超过了大部分已经工作的成年人。阿齐的父母开心不已，想着阿齐未成年，所获得的收入应该不用缴纳个人所得税，赚多少就能到手多少。阿齐对此有些担心，害怕自己触犯法律，便找到律师咨询。

法律分析

随着商业渠道的增加和部分特殊商品营销的需求升高，未成年人某些方面的优势已成为可变现价值，例如长得可爱的孩子可能会拍电影、拍童装广告，有写作天赋和想象力的孩子可能创作出文学作品，有才艺的孩子可能因参加比赛而出名，获得商演报酬。大众之所以对未成年人是否需要缴纳个人所得税没有概念，是因为法律禁止用人单位录用十六周岁以下的未成年人，大部分未成年人是没有工作、没有收入的。但在监护人同意且不影响身心健康及学业的情况下，未成年人也可以参与文艺和体育类的商业活动，且十六周岁以上的未成年人，是有参加工作的权利的，所以未成年人有获得报酬的可能性，那么同样地，就产生了个人所得税问题。

所谓个人所得税，是指公民获得报酬时必须缴纳的税款，报酬的范围是指《个人所得税法》第二条中规定的内容："下列各项个人所得，应当缴纳个人所得税：（一）工资、薪金所得；（二）劳务报酬所得；（三）稿酬所得；（四）特许权使用费所得；（五）经营所得；（六）利息、股息、红利所得；（七）财产租赁所得；（八）财产转让所得；（九）偶然所得。居民个人取得前款第一项至第四项所得（以下称综合所得），按纳税年度合并计算个人所得税；非居民个人取得前款第一项至第四项所得，按月或者按次分项计算个人所得税。纳税人取得前款第五项至第九项所得，依照本法规定分别计算个人所得税。”从该法条我们可以看到，需要缴纳个人所得税的范围，包含未成年人可能获得的报酬形式，但法律并没有对缴纳个人所得税的年龄阶段加以限制和说明，所以正常情况下，未成年人获得的报酬也是需要依法缴纳个人所得税的。

一般情况下，未成年人不会涉及缴纳税款，但社会在发展进步，新一代未成年人也越来越聪明、成熟，不排除未成年人可能产生法律规定的应当缴纳税款的行为。目前我国的税法并没有专门将未成年人作为例外，所以未成年人在发生需要纳税的情况时，也应该遵守社会规则和法律规定，依法纳税。

4　未成年人可以要求更改自己的姓名吗？

情景再现

田田是一名十二岁的小男孩，因为自己的名字像女孩子总是被同学嘲笑，只看到他名字的人也总误会他是女孩子，田田对此感到十分困扰。在学校里，同学开玩笑叫他“田田姑娘”；在外面，人家看到他的名字总会笑而不语。田田想着长大后工作、交朋友可能都会被这个问题困扰，便向父母提出想要改名字。因田田爱看武侠电视剧，对“慕容”“上官”等姓氏极有好感，田田向父母表示想改名为“慕容浩坤”，父母觉得改名太麻烦便拒绝了田田的请求。那么，田田可以自己向相关部门提出改名要求吗？

法律分析

名字是一个人最直接的标识，也是我们展现给其他人的第一个特征。从我们呱呱坠地开始，父母给予的名字可能将伴随我们一生。但仓促给孩子起名、一时兴起按照自己兴趣随便给孩子起名的情况也不在少数，在接受教育后逐渐懂事的孩子眼中，不满意的姓名则是他们一生的羁绊，有改名想法的孩子也越来越多。

《民法典》第一千零一十二条规定：“自然人享有姓名权，有权依法决定、使用、变更或者许可他人使用自己的姓名……”由此看来，所有人都有决定自己姓名的权利，与年龄的大小无关，所以田田是有权利决定自己姓名的。但《民法典》第一千零一十五条又规定：“自然人应当随父姓或者母姓，但是有下列情形之一的，可以在父姓和母姓之外选取姓氏：（一）选取其他直系长辈血亲的姓氏；（二）因由法定扶养人以外的人扶养而选取扶养人姓氏；（三）有不违背公序良俗的其他正当理由。少数民族自然人的姓氏可以遵从本民族的文化传统和风俗习惯。”也就是说，虽然田田有权决定自己的姓名，但在姓氏的选择上却有限制，如果田田的父母、其他直系长辈或抚养田田的其他人都不姓“慕容”，那么田田是不可以随意将自己的姓氏变更为“慕容”的。

田田是未成年人，在行使一些权利时也将受到一定的限制。《户口登记条例》第十八条第一项中明确了未成年人变更姓名的方式，“未满十八周岁的人需要变更姓名的时候，由本人或者父母、收养人向户口登记机关申请变更登记”。从操作上来说，田田要变更自己的姓名，还是需要经过父母同意的，并且由田田的父母向户口登记机关申请变更。

大多数人的姓名都是依照父母意愿或者根据家谱而起的，可能会因为时代和文化的差异让孩子对自己的名字不满意。但改名字手续繁杂，涉及同时变更的事务较多。天下父母都想给自己孩子最好的东西，姓名也不例外，它可能蕴含了父母的某种情感和希望。所以，如果不是极特殊情况，也没有对生活造成影响，还是可以试着接受、欣赏父母给予的名字。

5　未成年人有权保管、处分自己的财产吗？

情景再现

可可是一名十三岁的女孩，从小比较有自己的想法。到了春节的时候，可可收到不少亲戚给的压岁钱，但根据往年的“规矩”，压岁钱必须上交给父母。认为自己已经长大的可可，决定找父母就压岁钱和亲戚赠与的其他财物问题进行谈判：可可想以后的压岁钱都自己存着，用来支付学费，多余的可以用来买喜欢的东西或跟同学出去玩。如果因为升学、生日收到亲戚额外赠与的财物，也由自己进行保管和处分。父母得知可可的想法后果断拒绝，称法律规定未成年人没有权利保管、处分财产。可可在上网进行搜索后并没有找到未成年人不能处分财物的法条，认为父母所述是不想让自己管理财产的借口，对此一直耿耿于怀。

法律分析

虽然没有法条直接禁止未成年人处分财物，但未成年人作为无民事行为能力人或限制民事行为能力人，并不能完全地行使自己的财产权利。《民法典》第二十七条规定了父母是未成年子女的监护人，第三十四条明确了监护人的责任：代理被监护人实施民事法律行为，保护被监护人的人身权利、财产权利以及其他合法权益等。也就是说，父母可以代替他们处分财产。法律之所以这么规定，是因为未成年人的认知、是非辨别能力有限，完全按照未成年人自己的意愿处分财产可能会造成无法弥补的损失。为了保护未成年人的利益，法律便赋予了监护人代替未成年人实施民事法律行为的权利。

那么像可可这样，对事物已经有了一定的认知，是否还是完全不可以保管、处分自己的财产呢?《民法典》第三十五条规定："监护人应当按照最有利于被监护人的原则履行监护职责。监护人除为维护被监护人利益外，不得处分被监护人的财产。未成年人的监护人履行监护职责，在作出与被监护人利益有关的决定时，应当根据被监护人的年龄和智力状况，尊重被监护人的真实意愿。成年人的监护人履行监护职责，应当最大程度地尊重被监护人的真实意愿，保障并协助被监护人实施与其智力、精神健康状况相适应的民事法律行为。对被监护人有能力独立处理的事务，监护人不得干涉。"所以，可可如果有自己的想法，可以向父母提出，如果支付的金额、用来做的事是正常十三岁的孩子可以判断和决定的，那么父母应该尊重可可的意见，从一定程度上说，可可也可以对自己的财产进行处分。例如，可可想用压岁钱买几本书或捐赠一些钱给山区等是可以的。当然，父母也可以根据孩子的年龄、心智情况给予孩子保管自己部分财产的权利，避免孩子产生自己权利被剥夺的心理。

6　未成年人可以独立享有房屋所有权吗?

情景再现

宏宏的爷爷非常疼爱宏宏。自宏宏出生开始，爷爷就经常赠送礼物，有玉石、名画、钢琴等，均由宏宏的父母代为保管。在宏宏十岁那年，爷爷因为担心自己等不到宏宏长大结婚，便打算赠送一套房子给宏宏作为未来的婚房。可爷爷又很担忧：现在宏宏这么小，不清楚能不能将房屋单独登记在宏宏名下。如果不能登记，只能登记在监护人即宏宏父母名下，万一宏宏父母以后不给宏宏怎么办？并且房产证上不是宏宏的名字，这样也不算完美地赠送宏宏礼物。如果可以登记，宏宏是未成年人，又是否会有其他法律上的瑕疵呢？

法律分析

许多长辈都习惯为后代积累财富，随着现代人们生活条件越来越好，在子女年幼时就为子女买房的情况也普遍存在。未成年人一般都还在上学，没有参加工作，更不用说凭自己的劳动收入来获得房产，所以未成年人是否可以独立享有房屋所有权是所有人都关注的问题。这个问题我们需要从两个层面去分析。

首先，房屋的所有权是一种民事权利。《民法典》第十三条规定："自然人从出生时起到死亡时止，具有民事权利能力，依法享有民事权利，承担民事义务。"可见民事权利是从我们出生开始就具有的，并不因为年龄而受限制。那么拥有房产的这种权利，未成年人是具有的。只是未成年人不具有完全的民事行为能力，不能购买房屋、办理相关手续而已，但民事权利能力和民事行为能力是两个概念，我们不能因为未成年人的民事行为能力有限而否定他们的民事权利能力。所以，未成年人是可以独自享有房屋所有权的。

其次，既然未成年人不能购买房屋，那么一般是通过继承、赠与的方式来获得房屋，而继承和接受赠与的行为，未成年人是否可以独立实施呢?《民法典》第十九条规定："八周岁以上的未成年人为限制民事行为能力人，实施民事法律行为由其法定代理人代理或者经其法定代理人同意、追认；但是，可以独立实施纯获利益的民事法律行为或者与其年龄、智力相适应的民事法律行为。"无论是通过继承还是赠与得到的房产，对于受赠的未成年人来说都属于纯获利的行为，已满八周岁的未成年人是可以独立实施的。至于不满八周岁的未成年人，《民法典》第二十条规定："不满八周岁的未成年人为无民事行为能力人，由其法定代理人代理实施民事法律行为。"不满八周岁的未成年人需要监护人来代理，如我们所知，监护人应以有利于被监护人的权益为原则去行使监护责任，所以在有人赠送房屋给孩子的情况下，父母也是应该代为接受的。

7 未成年人为什么不能进入酒吧、网吧等场所?

情景再现

淘淘是一名高中一年级的学生。淘淘的表哥为了帮淘淘庆祝十六岁生日，在市区的一间酒吧订好位置，让淘淘叫上同学一起去玩。淘淘和同学们精心装扮一番，到了酒吧门口竟被要求出示身份证，工作人员发现淘淘及他的同学均未成年，便拒绝让他们进入。大家很纳闷：我们都已经是高中生了，为什么还不让进酒吧呢?

法律分析

一些未成年人出于对新鲜事物的好奇，在酒吧饮酒消费后，在酒精、灯光、音乐等各种因素的影响下，模仿电影里的一些情节，做出违法犯罪的行为。这种现象层出不穷，对未成年人身心健康和社会正常秩序带来严重危害。所以，需要通过法律法规、行业规范，预防未成年人受到不良影响，为未成年人的身心健康保驾护航。未成年人不能进入酒吧、网吧等场所是有法律规定的。《未成年人保护法》第五十八条规定："……营业性歌舞娱乐场所、酒吧、互联网上网服务营业场所等不适宜未成年人活动场所的经营者，不得允许未成年人进入……经营者应当在显著位置设置未成年人禁入、限入标志；对难以判明是否是未成年人的，应当要求其出示身份证件。”所以酒吧工作人员要求淘淘及其同学出示身份证，在证实他们系未成年人的情况下不准予进入是正确的。

此外，为了保护未成年人的身心健康，从客观环境上也要避免未成年人受到影响。《未成年人保护法》第五十八条规定：“学校、幼儿园周边不得设置营业性娱乐场所、酒吧、互联网上网服务营业场所等不适宜未成年人活动的场所……”学校是未成年人最常出入的地方，如果周围到处都是酒吧、网吧、游戏厅，充满好奇心的未成年人难免会沉迷其中。

未成年人还没有成熟的世界观及是非辨别能力，容易被酒吧、网吧等场所的负面因素影响，不仅影响学习，还可能沾染一些不良习惯。因此，从根源上解决问题，杜绝未成年人接触各种不适宜的娱乐场所，是保护未成年人身心健康的重要途径。

8 法律对未成年人购买书籍、音像制品等有什么限制?

情景再现

小奇是一名初中二年级的学生。某天放学后，小奇路过附近一家图书及音像制品店，各种精彩、绚丽的宣传海报吸引了小奇的眼球，小奇决定进去看看。当小奇找到一本叫作《神奇杀手》的漫画时，发现上面贴着“禁止十八岁以下者阅读”的标签，可漫画封面的杀手让小奇觉得很酷、很有个性，小奇很想知道这个主人公的故事，便拿到前台准备购买。收银员看了看这本漫画上的标签，再打量了一下小奇，告诉他不可以购买。小奇觉得很奇怪：我有阅读能力，也有购买能力，为什么就不卖给我呢？

法律分析

青少年时期，正是一个人世界观、价值观形成的时候，青少年的模仿能力强，但辨别能力低，包含不适当内容的书籍、音像制品会对未成年人产生不正确的导向。试想，如果小奇此时被暴力、刺激的漫画封面吸引，阅读了暴力凶杀漫画，很有可能因为大脑兴奋、追求刺激，产生模仿行为。为确保未成年人的身心健康，《未成年人保护法》第五十一条规定：“任何组织或者个人出版、发布、传播的图书、报刊、电影、广播电视节目、舞台艺术作品、音像制品、电子出版物或者网络信息，包含可能影响未成年人身心健康内容的，应当以显著方式作出提示。”所以，书店及各种音像制品店，有义务提示、监督和拒绝未成年人购买与其年龄不符的产品。

书籍和音像制品及网络信息，是影响青少年成长的重要载体和工具。通过净化和规范未成年人能够接触的内容，可以从根本上杜绝未成年人受到消极有害文化制品的侵害，培养良好的行为习惯。

9 未成年人是否可以接触各类直播和网络游戏？

情景再现

小永是一名小学六年级的学生，平时喜欢玩网络竞技游戏，并且把所有零花钱都用于充值购买游戏皮肤。为了提高游戏技术，小永花大量的时间练习“游戏操作”，并观看游戏直播，思考学习直播间中“游戏大神”的“技艺”。某日小永在观看直播时，因欣赏游戏主播，便对该主播进行打赏，并成为该主播的“铁粉”。为了争夺该主播直播间“榜首”位置，小永花掉所有的零花钱用于打赏，还偷偷用父母的手机在直播平台进行充值，继续打赏。父母发现时，小永已经累计打赏主播高达数万元，小永的父母非常无奈：游戏不仅毁了孩子的学习，现在还造成这么大的财产损失。难道没有法律禁止未成年人看直播、玩游戏吗？

法律分析

随着时代的发展，未成年人沉迷于网络世界的现象已经屡见不鲜。近几年，未成年人给游戏大额充值、给网络主播打赏、刷礼物等新闻先后出现，引发人们对未成年人过度使用网络引发的相关问题的思考。在现在这个时代，让未成年人完全远离各种直播、网络游戏是不现实的，也并没有法律禁止未成年人接触网络。在未成年人接触网络的行为被允许的情况下，如何既让青少年便利地探索世界，又让他们不要沉迷其中，理智对待，时间的把控就显得尤为重要。

国家新闻出版署2019年发布了《关于防止未成年人沉迷网络游戏的通知》，从多个方面采取措施防止未成年人沉迷网络。例如，游戏账户必须进行实名注册，一旦发现注册人是未成年人，系统将自动控制未成年人使用网络游戏的时长。同时，还规范了游戏公司向未成年人提供的付费服务，防止未成年人大额充值。该通知还积极引导了家长、学校等力量，帮助未成年人树立正确的观念和习惯。当然，家长除了需要关注孩子所看直播内容、所玩游戏是否容易让孩子沉迷以外，也应该提高警惕，防止孩子偷用父母的身份证进行注册，偷用父母的银行卡对游戏、直播平台进行充值。

直播和网络游戏本身不是不好的存在，其也是孩子认识、接触外面世界的一种途径，但沉迷其中便会产生负面影响。未成年人价值观、是非观都尚未成熟，合理使用网络才能发挥它的价值。父母作为孩子的监护人，需要在这些具有两面性的事物上进行把控，帮助孩子树立正确的价值观念，保障未成年人的身心健康不受影响。

10 因使用不合格的商品受伤，谁承担责任？

情景再现

因为新家装修，图图的爸爸妈妈在家具城里购买了一款浴室玻璃门，并让专业人士进行了安装。一个月后，图图在家洗澡时，玻璃门突然破裂，砸到图图的手臂和脚背，导致图图流血不止。爸爸妈妈将图图送进医院，认为图图的伤是玻璃门的质量问题引起的，于是找了专门的机构鉴定浴室玻璃门的质量状况，发现与家具城描述的完全不一致，这款玻璃门属于不合格产品。图图的爸爸妈妈便找到家具城的负责人协商赔偿，但家具城认为自己只是经销商，玻璃门并不是他们生产的，让图图的爸妈找生产商索赔。多次协商无果后，图图的爸爸妈妈向当地消费者协会进行了投诉，协会组织双方调解，也并未达成一致意见。图图的爸爸妈妈便准备向法院起诉，这时候图图问：玻璃门确实不是家具城做的，会不会不能告家具城呢？如果不能，我们该找谁来承担责任呢？

法律分析

正如图图的爸爸妈妈一样，日常生活中我们买到不合格的商品受到伤害时，第一反应是找商家，认为：“我在你这里买的东西，现在东西有问题导致我受伤，我当然该找你赔!”这个逻辑在法律上也是没有错的，我们确实是和商家之间存在买卖合同关系，商家才是交易的相对方，商品有问题，我们自然可以找商家负责。那么按照这个逻辑，生产不合格商品的厂家和我们之间并没有联系，但导致我们受伤的不合格商品又确实是厂家生产出来的，作为消费者的我们能不能找生产厂家索赔呢?

《民法典》第一千二百零三条规定：“因产品存在缺陷造成他人损害的，被侵权人可以向产品的生产者请求赔偿，也可以向产品的销售者请求赔偿。产品缺陷由生产者造成的，销售者赔偿后，有权向生产者追偿。因销售者的过错使产品存在缺陷的，生产者赔偿后，有权向销售者追偿。”也就是说，因使用不合格商品而受伤时，无论是商家还是厂家的过错，我们都可以选择找商家赔偿或找生产厂家赔偿，来维护自身的合法权益。至于最后的责任由谁来承担，商家和厂家可以根据过错原则互相追偿。实践中，我们作为消费者难以找到商品的生产商，直接找商品的销售商会比较容易，虽然商品并不是销售方生产的，销售方对质量问题不存在过错，但这并不能成为销售商拒绝承担责任的理由，也不影响我们直接找销售商进行赔偿。如果有途径知晓生产商，也可以直接请求生产商进行赔偿，生产商也不能以其和消费者没有合同关系而拒绝承担责任。总之，当商品质量出现问题时，消费者既可以找销售商索赔，也可以找生产商索赔。

11　未成年人被迫买到“天价”商品能退货吗?

情景再现

小康是一名十一岁的男孩，他攒了一笔零花钱准备给妈妈买生日礼物，想给妈妈一个惊喜。小康独自来到商场，看中一条项链，小小的标签标着300元，小康便毫不犹豫地跟售货员说要买下。售货员开好小票，指导小康去收银台付款，但被收银台的工作人员告知这条项链的价格是3万元！原来在橱窗里的小标签被遮住了一部分，小康看错了价格。无奈的小康告诉工作人员自己没有那么多钱，工作人员却表示票已经开好了，这条项链是特价商品，不退不换，要求小康通知家长来付款。

法律分析

首先，在法律上小康是限制民事行为能力人，《民法典》第十九条规定：“八周岁以上的未成年人为限制民事行为能力人，实施民事法律行为由其法定代理人代理或者经其法定代理人同意、追认；但是，可以独立实施纯获利益的民事法律行为或者与其年龄、智力相适应的民事法律行为。”购买一条3万元的项链，并不属于纯获利益或与小康年龄、智力相适应的民事法律行为，需要通过小康的父母追认，如果小康的父母不同意购买或者不承认购买行为，那么商场是不可以强迫小康买下这条项链的。

其次，小康购买这条项链是基于其以为价格仅为 300 元，在法律上叫作“重大误解”。重大误解是指由于误解人自己的大意、缺乏经验或者信息不通而造成的，作出的决定与自己意思表示不一致，使得误解者的利益受到较大的损失或者达不到误解者订立合同的目的。《民法典》第一百四十七条规定：“基于重大误解实施的民事法律行为，行为人有权请求人民法院或者仲裁机构予以撤销。”所以即便小康是成年人，是由于误解项链的价格才决定购买，知道真实价格后根本不可能购买的话，也是可以撤销这个购买行为的。但需要注意的是，重大误解的当事人应自知道或者应当知道撤销事由之日起三个月内行使撤销权。

买卖关系在法律上是一种合同关系，需要买卖双方达成一致意见才能成立。如果卖方要求的价格不是买方可以接受的，或者买方基于误解作出的决定并不是自己的真实意思表示，双方就买卖合同并没有达成一致意见，卖家是不能强迫买家履行合同购买商品的。

12 未成年人有肖像权吗？

情景再现

丽丽五岁时，家里人带她拍了一组艺术照。影楼在处理好成片后，看到丽丽长相俊俏，镜头感十足，觉得十分适合用于影楼的宣传，便多冲印了一套用于作品展示，但没有告知丽丽的父母。某日，丽丽妈妈的同事跟丽丽的妈妈说：“丽丽可真不错啊，小小年纪就当模特啦！”这话弄得丽丽妈妈一头雾水。了解情况后，丽丽的妈妈找到影楼理论。影楼却认为场景、造型是影楼设计的，照片是影楼拍的，后期制作也是影楼处理的，照片的所有权当然是影楼的，影楼也当然有权处置，还称丽丽只是个孩子，没有肖像权，照片只是用于作品展示，影楼并没有对丽丽照片进行丑化，没有影响丽丽的身心健康，所以影楼不认为自己的行为不妥。

法律分析

随着网络技术的发展，我们的照片曝光在各个社交软件中，一些商家利用不知名的帅哥、美女图片谋取利益的现象并不少见。肖像权是指公民可以同意或不同意他人利用自己肖像的权利，属于人格权的一种。《民法典》第九百九十条规定：“人格权是民事主体享有的生命权、身体权、健康权、姓名权、名称权、肖像权、名誉权、荣誉权、隐私权等权利。除前款规定的人格权外，自然人享有基于人身自由、人格尊严产生的其他人格权益。”第九百九十一条规定：“民事主体的人格权受法律保护，任何组织或者个人不得侵害。”由此可知，我们的肖像权是受法律保护的。无论是未经过允许利用他人照片牟利，还是擅自用他人照片制作表情包、处理成其他图片的行为，都是对肖像权的侵害。

部分人认为，未成年人属于无民事行为能力人或限制民事行为能力人，不享有肖像权，但《民法典》第十三条规定：“自然人从出生时起到死亡时止，具有民事权利能力，依法享有民事权利，承担民事义务。”肖像权是一种民事权利，是从出生那一刻开始就具有的，与行为能力无关。所以未成年人同样拥有肖像权，影楼认为丽丽未成年就没有肖像权是错误的，其没有经过丽丽或丽丽妈妈同意就用丽丽的照片进行展示的行为已经构成了侵权，应承担相应的法律责任。丽丽的妈妈作为丽丽的法定代理人，可以代理丽丽与影楼进行协商，要求撤除展示的照片、赔礼道歉，影楼的行为给丽丽造成了损失的，还可以要求影楼进行赔偿。如果协商不成，可以向人民法院提起诉讼，以维护丽丽的合法权益。

13 未成年人可以买彩票吗？

情景再现

阿九是一名十五岁的少年，一直有着“一夜暴富”的梦想。当阿九看到新闻上有人买彩票中了大奖时，羡慕不已，决定自己也买几张试试。彩票店在打印了彩票后，发现阿九未成年，便退钱给阿九，要求阿九返还彩票。无奈的阿九只好退还，但拍下了彩票号码做纪念。谁知阿九买的那个号码中了1000元，阿九找到彩票店理论，要求兑奖。双方未能达成一致意见。

法律分析

不考虑彩票的特殊性，光从买卖合同的角度来看，彩票店和阿九之间形成了民事合同关系，双方之间法律关系的效力应受《民法典》合同编的调整。阿九属于限制民事行为能力人，购买彩票需要支付资金，不属于纯获利行为，但购买彩票是否属于与其年龄、智力相符的行为比较难以界定，似乎无法判断阿九是否可以购买彩票。购买彩票属于一种投机行为，具有一定的赌博性质，难免对未成年人的价值观产生一定的负面影响，所以国务院《彩票管理条例》第十八条规定：“彩票发行机构、彩票销售机构、彩票代销者不得有下列行为：（一）进行虚假性、误导性宣传；（二）以诋毁同业者等手段进行不正当竞争；（三）向未成年人销售彩票；（四）以赊销或者信用方式销售彩票。”可见我国法律法规并不允许未成年人购买彩票。而该条例第二十六条还规定：“彩票发行机构、彩票销售机构、彩票代销者应当按照彩票品种的规则和兑奖操作规程兑奖。彩票中奖奖金应当以人民币现金或者现金支票形式一次性兑付。不得向未成年人兑奖。”所以上述案例中，商家发现阿九是未成年人，要求解除交易，号码中奖也不予承兑的处理方式是没有问题的。

目前大多数发行彩票的国家和地区，都是将彩票收益用于公益事业，同时可以满足人们的投机心理，却不像赌博那样具有极高的风险性，从一定程度上说，彩票的存在对社会也有一定的正面性。作为中国公民，我们应该理智、正确地看待彩票，遵守法律法规，尽量避免彩票带来的弊端。未成年人的价值观尚未成熟，如果沉迷于投机取巧，想着不劳而获，长大后很可能坠入赌博的深渊。所以，禁止未成年人购买彩票是让彩票行业兴利除弊的必要监管措施。

14 摩托车后座可以搭载年幼的未成年人吗？

情景再现

小吴今年八岁。某天放学后，小吴的妈妈像平时一样骑着摩托车在校门口准备接小吴放学，小吴一如既往地坐上了摩托车的后座，准备回家。但这天在经过路口时，小吴妈妈却被巡逻的交警拦下。经询问，交警得知小吴未满十二周岁，对小吴妈妈进行了交通法规教育，并对其违法行为作出了罚款50元的处罚决定。小吴的妈妈很困惑，别人用摩托车接小孩都没事，为什么自己会被处罚呢？

法律分析

小吴的妈妈之所以会产生困惑，是因为其不了解摩托车后座载人的具体规则，关于摩托车后座是否可以搭载未成年人的问题，主要取决于两个方面。

一方面是未成年人的年龄，《道路交通安全法实施条例》第五十五条第三项明确规定："摩托车后座不得乘坐未满12周岁的未成年人，轻便摩托车不得载人。"而在各地的交通安全条例中，也对这一问题作出了明确规定。例如《广东省道路交通安全条例》第三十三条第一款规定："两轮摩托车只允许在后座位置搭载一人，但不得搭载未满十二周岁的未成年人。"所以根据法律规定，未满十二周岁的未成年人无论如何都不能乘坐摩托车后座。上述案例中，小吴年仅八岁，无论小吴的妈妈骑什么样的摩托车都不可以将小吴载在后座。

另一方面是摩托车的种类，在《道路交通安全法实施条例》

第五十五条第三项中，除了禁止摩托车搭载未满十二周岁未成年人外，还规定了轻便摩托车不得载人。所以无论乘客是否年满十二周岁，是否成年，只要用轻便摩托车载人就是违法行为。

在发生交通事故时，摩托车后座成员受到严重伤害的概率较大。法律也是从保护未成年人出行安全的角度出发，禁止摩托车后座搭载年幼未成年人。用后座搭载未成年人多发生于家长接送孩子的情况，虽然摩托车方便快捷，还可以避免塞车的问题，但是为了保护未成年人的人身安全，依然建议家长采取其他合法安全的方式接送孩子。

15 游客给动物园里的动物喂食被咬伤，动物园有责任吗?

情景再现

小张到动物园游玩，看到动物园海洋馆的广告，游客可以购买饵料喂养海豹、乌龟等动物。小张便购买了饵料投喂海豹，在投喂海豹的过程中，小张不慎被海豹咬伤右手。事发当时，动物园的海洋馆现场有一名工作人员在柜台售卖饵料。小张受伤后被送往医院住院治疗，诊断为右手动物咬伤。现在小张要求动物园承担侵权责任，赔偿他由此产生的医药费等相关损失。动物园则认为自己尽到了管理义务，而且意外是由小张自己没有使用动物园设置的投食器，擅自伸手接触海豹才导致的，所以不愿承担侵权责任，双方只好请求法院判决。

法律分析

近年来动物园中的动物伤人事件经常出现在公众的视线中。虽然大部分意外发生的原因是游客自己忽视园内安全规则，但作为多数高度危险动物的管理方，动物园需要承担很高的安全管理义务，所以动物园需要尽可能避免管理上的疏忽，及时排除安全隐患，让游客避免与动物危险接触，防止意外发生。

需要注意的是，喂食动物本身就是有一定危险性的，无论是由于动物园的疏忽使得游客有喂食动物的条件，还是动物园主动提供喂食项目，游客在喂食过程中被咬伤，就已经能够说明动物园在管理或是安排项目上存在安全隐患。《民法典》第一千二百四十八条明确规定："动物园的动物造成他人损害的，动物园应当承担侵权责任；但是，能够证明尽到管理职责的，不承担侵权责任。"本案中，动物园在设置投食项目时，没有考虑到游客亲手喂食动物可能产生的危险性，没有提醒游客注意，也没有采取防护措施，对意外发生存在一定程度上的过错，依法需承担侵权责任。所以小张给动物园里的动物喂食被咬伤，动物园是需要承担责任的，只是责任比例会依据游客自己的过错程度，以及动物园尽到的安全保障义务的程度综合考量。

在动物园无法证明自己尽到管理义务的情况下，游客自身的过错并不能免除动物园的责任。动物园除了需要通过文字、语音等方式提醒游客注意安全以外，在设施上也要排除安全隐患，避免游客和动物直接接触，尽量不开放存在安全隐患的活动。

16 扶老奶奶过马路，老奶奶突然摔倒，我要负责吗？

情景再现

小宇在某日放学后过红绿灯时，看到一位老奶奶行动不便，便好心上前询问是否需要帮助，老奶奶欣然答应。当二人走到马路对面后，小宇松开老奶奶的手准备道别时，不料老奶奶突然摔倒，无法起身。小宇立刻拨打急救电话，将老奶奶送到了医院，并支付了一定的费用。老奶奶的家人赶到医院，询问老奶奶摔倒过程的情况，此时小宇满是担心：自己需要承担老奶奶后续产生的医药费吗？

法律分析

小宇的行为，在法律上叫作无因管理。无因管理是指没有法定或约定的义务，为避免他人利益受损，自愿管理他人事务的行为，也就是我们平时说的“学雷锋”。在判断是否构成无因管理时，需要看是否满足三个条件：第一，没有法定或约定的义务。第二，有为他人谋利益的意思。第三，为他人管理事务。老奶奶并没有要求小宇搀扶，而小宇为了老奶奶能够顺利过马路而主动要求，有为他人谋利益的意思且有行动，所以构成了法律上的无因管理。

法律是鼓励大家做好事的，《民法典》第九百七十九条规定："管理人没有法定的或者约定的义务，为避免他人利益受损失而管理他人事务的，可以请求受益人偿还因管理事务而支出的必要费用；管理人因管理事务受到损失的，可以请求受益人给予适当补偿……"所以在小宇自身不存在过错的情况下，不仅不用承担老奶奶后续产生的医药费，还可以请求老奶奶支付自己垫付的医药费。需要注意的是，如果小宇看到老奶奶摔倒就扔下她逃走不管，则可能承担一定的责任，《民法典》第九百八十一条规定："管理人管理他人事务，应当采取有利于受益人的方法。中断管理对受益人不利的，无正当理由不得中断。"也就是说，需要帮人帮到底，好人做到头。

近几年来，老年人碰瓷的新闻屡见不鲜，年轻人看见也不敢轻易帮助。但随着法治体系的完善、国民素质的提高，法律会给我们一个公平公正的答案，我们还是应该心存善念，发现他人有困难时积极帮助，保持助人为乐的美德。

第二节　社会责任

1　国歌可以不分场合随便唱吗？

情景再现

一个因长相甜美、歌声特别而备受欢迎的女主播，在某次直播时，以不严肃的方式演唱了国歌，作为自己当次直播的“开场曲”。女主播做出这个举动时，观看主播的观众一片哗然，议论纷纷，随后直播暂停。等待这个女主播的，不仅有被解约的巨额违约金，还有国家的行政处罚，昔日风光毁于一旦。有一些粉丝替女主播感到不值：可能她只是因为爱国，想用这种特别的方式来表达自己对祖国的热爱呢？为什么会有这么严重的后果？

法律分析

女主播以不严肃的方式在直播间演唱国歌，违反了《国歌法》第六条规定：“奏唱国歌，应当按照本法附件所载国歌的歌词和曲谱，不得采取有损国歌尊严的奏唱形式。”同时，女主播将国歌作为直播“开场曲”，在直播间演唱国歌“求打赏”的行为，违反了《国歌法》第八条“国歌不得用于或者变相用于商标、商业广告，不得在私人丧事活动等不适宜的场合使用，不得作为公共场所的背景音乐等”的规定，及第十五条“在公共场合，故意篡改国歌歌词、曲谱，以歪曲、贬损方式奏唱国歌，或者以其他方式侮辱国歌的，由公安机关处以警告或者十五日以下拘留；构成犯罪的，依法追究刑事责任”的规定。《刑法》第二百九十九条规定：“……在公共场合，故意篡改中华人民共和国国歌歌词、曲谱，以歪曲、贬损方式奏唱国歌，或者以其他方式侮辱国歌，情节严重的，依照前款的规定处罚。”随着互联网的发展，女主播的行为必然带来一定的负面影响，不仅会让懵懂的青少年对国歌产生错误的认识，也会对部分不懂法律的观众作出错误导向，同时损害了国歌的尊严。无论出自什么样的心理，女主播的行为都违反了法律，应该受到法律的制裁。

国歌是一个国家的标志，是神圣而不可侵犯的。在不适宜的场合演唱国歌，甚至篡改国歌、用作商业用途的行为，无论是否怀揣恶意，都损害了国歌的尊严。爱国的方式可以有很多种，但女主播的这种行为必然不可能是正确的“爱国”表现，维护、尊重国歌才是真正的爱国。而《国歌法》的立法目的便是维护国家标志，使得对损害公共利益、国家利益的行为的处理于法有据，作为中华人民共和国公民，我们应当尊重国歌、维护国歌，这本该是我们义不容辞的使命。

2 侮辱国旗、国徽会有怎样的后果？

情景再现

史某酒后在某街道上将插在小区大门旁的一面国旗强行扯下致国旗毁损，后又将受损的国旗丢弃在路边，强行撕扯小区大门旁的另一面国旗，将国旗扯下后奔跑挥舞。其间，被正在此地吃夜宵的高某及包某发现并劝阻。后来史某心怀不满回家拿出一把折叠水果刀返回，将该水果刀架在高某脖子处对高某进行恐吓、威胁，将高某的颈部与右手划伤，后被公安民警现场抓获。

公诉机关认为，史某持凶器恐吓、随意殴打他人，情节恶劣，应当以寻衅滋事罪追究其刑事责任。此外，史某还在公共场合，故意以毁损、践踏方式侮辱国旗，应当以侮辱国旗罪追究其刑事责任。法院审理后判处史某寻衅滋事罪及侮辱国旗罪数罪并罚。①

法律分析

侮辱国旗罪，是指在公众场合故意以焚烧、毁损、涂划、

① 案例改编自四川省成都市成华区人民法院（2020）川0108刑初63号刑事判决书。

玷污、践踏等方式，侮辱中华人民共和国国旗的行为。《刑法》第二百九十九条第一款规定："在公众场合，故意以焚烧、毁损、涂划、玷污、践踏等方式侮辱中华人民共和国国旗、国徽的，处三年以下有期徒刑、拘役、管制或者剥夺政治权利。"所以侮辱国旗、国徽是一种会被追究刑事责任的犯罪行为，可能被判处三年以下有期徒刑、拘役、管制或剥夺政治权利。史某强行将国旗扯下撕毁，后又丢弃路边的行为情节恶劣，这种在公共场所公然侮辱国旗的行为是一种犯罪行为，即便史某称自己喝了酒、没有意识，也应受到法律的制裁。

国旗是一个国家的象征，反映了一个国家的历史文化传统，也代表着国家的主权和尊严。为维护国旗的尊严，增强公民的国家观念，我国立有《国旗法》，使得惩罚侮辱国旗的人有法可依，也时刻提醒着我们应该积极主动地维护我们国家的标志，学会爱护和正确地使用国旗，做好国家的护旗手。

3 传播不实消息会承担怎样的责任?

情景再现

阿力听某朋友"八卦"，某干部的家人出国感染了一种极易传染的传染病，该干部带家人逛本市公园、集市、博物馆等人员密集的地方，称近期出入这些地方的人很可能已经被感染，后果不堪设想。阿力便把这个小道消息编辑成文字，并配图发布在多个微信大群里，并呼吁大家转发，以“提醒”身边的人不要去相关地方并加以防范。消息传播开后，经查证此消息为不实信息，阿力也被执法机关的人带走。

法律分析

爱“八卦”是大部分人的心理特征，但一传十、十传百的消息给社会带来的影响非同小可，传播不实消息可能给他人带来困扰，也可能扰乱公共秩序，阿力为博取关注在网络上传播不实消息的行为，不仅给那位干部及其家人带来生活上的干扰，还引起了社会的恐慌。《治安管理处罚法》第二十五条规定：“有下列行为之一的，处五日以上十日以下拘留，可以并处五百元以下罚款；情节较轻的，处五日以下拘留或者五百元以下罚款：（一）散布谣言，谎报险情、疫情、警情或者以其他方法故意扰乱公共秩序的；（二）投放虚假的爆炸性、毒害性、放射性、腐蚀性物质或者传染病病原体等危险物质扰乱公共秩序的；（三）扬言实施放火、爆炸、投放危险物质扰乱公共秩序的。”第四十二条规定：“有下列行为之一的，处五日以下拘留或者五百元以下罚款；情节较重的，处五日以上十日以下拘留，可以并处五百元以下罚款：（一）写恐吓信或者以其他方法威胁他人人身安全的；（二）公然侮辱他人或者捏造事实诽谤他人的；

（三）捏造事实诬告陷害他人，企图使他人受到刑事追究或者受到治安管理处罚的；……（五）多次发送淫秽、侮辱、恐吓或者其他信息，干扰他人正常生活的；……”

以上行为如果情节严重，还可能构成刑事犯罪。《刑法》第二百九十一条之一第二款规定：“编造虚假的险情、疫情、灾情、警情，在信息网络或者其他媒体上传播，或者明知是上述虚假信息，故意在信息网络或者其他媒体上传播，严重扰乱社会秩序的，处三年以下有期徒刑、拘役或者管制；造成严重后果的，处三年以上七年以下有期徒刑。”《最高人民法院、最高人民检察院关于办理利用信息网络实施诽谤等刑事案件适用法律若干问题的解释》第五条第二款规定：“编造虚假信息，或者明知是编造的虚假信息，在信息网络上散布，或者组织、指使人员在信息网络上散布，起哄闹事，造成公共秩序严重混乱的，依照刑法第二百九十三条第一款第（四）项的规定，以寻衅滋事罪定罪处罚。”所以传播不实消息，不仅违法，还可能构成犯罪。

4　明知是假币仍用来买东西，可能受到怎样的惩罚？

情景再现

小杨持有一些百元假币，想着通过购买小物品找零的方式花出去“变现”。某日小杨来到文具店，想使用一张百元的假币购买笔记本，结果被当场发现，小杨便通过其他方式支付后离开。同一天，小杨又来到一家超市使用那张假币购买一瓶饮料，获得真币找零后离开。小杨想带着剩余大量未使用的百元假币到周围其他城市继续花，但在大巴车站被公安机关抓获，并扣押了全部假币。法院经审理后认为，小杨明知是伪造的货币而持有，数额较大，这种行为已构成持有假币罪，应予刑罚。

法律分析

很多人收到假币，会抱有侥幸心理，认为自己只要花掉了就行，只要假币不在自己手里就行，殊不知这种行为扰乱了社会秩序，严重的还可能构成犯罪。《刑法》第一百七十二条规定：“明知是伪造的货币而持有、使用，数额较大的，处三年以下有期徒刑或者拘役，并处或者单处一万元以上十万元以下罚金；数额巨大的，处三年以上十年以下有期徒刑，并处二万元以上二十万元以下罚金；数额特别巨大的，处十年以上有期徒刑，并处五万元以上五十万元以下罚金或者没收财产。”小杨明知道是假币，却想尽办法花出去，在被发现后还换一个地方继续使用，明显存在故意。再加上，小杨还大量持有这样的假币，并且想要花出去，已经触犯了刑法，构成犯罪。

此外，如果是花钱购买假币再使用，后果就更加严重了。

《最高人民法院关于审理伪造货币等案件具体应用法律若干问题的解释》第二条指出："行为人购买假币后使用，构成犯罪的，依照刑法第一百七十一条的规定，以购买假币罪定罪，从重处罚。行为人出售、运输假币构成犯罪，同时有使用假币行为的，依照刑法第一百七十一条、第一百七十二条的规定，实行数罪并罚。"所以买卖假币并使用的，同时构成多个罪名，数罪并罚。

为了防止假币破坏社会经济规律，保护人民群众的利益，人民银行不断提高钞票的防伪技术，我们在提高防伪意识、不让犯罪分子有机可乘的同时，也应当遵纪守法，坚决不使用假币，在日常生活中如果收到假币，可以报警处理，将假币交由公安机关处理，切勿抱着"不用就亏了"的心态以身试法。

5 在人民币上乱写乱画违法吗?

情景再现

小王在超市购物后，回到家中才发现找回的钞票中有一张钞票背面印有一个交友广告。小王便根据钞票上的信息联系对方。对方很快承认钞票上的交友信息是他留的，并自称赵生，两人开始互相交流生活、学习，成了无话不说的网友。小王认为，赵生想出来的这种交友方式很有新意，便模仿赵生在多张人民币上写上自己的微信账号，试图通过这种方式认识全国各地的朋友。同城的李小姐接收到这张钞票后，随后将钞票送往银行，银行选择向警方报案。最终小王被警方予以警告，并处以200元罚款。小王非常羞愧，没想到在钞票上涂抹是一种违法行为。

法律分析

人民币具有流通性，一些人除了像小王一样利用人民币“移动交友”外，还在人民币上写广告。虽然随着移动支付的普及，人们使用现金的机会越来越少了，在人民币上涂抹的现象也逐渐消失，但在一些中小学校中，在交纳班费、春游活动费等费用时，部分班级老师会要求学生在人民币上写上自己的个人信息。虽然初衷是避免收到假币以及便于管理款项，但是严格来说该行为有违法的嫌疑。《人民币管理条例》第二十六条规定：“禁止下列损害人民币的行为：（一）故意毁损人民币；（二）制作、仿制、买卖人民币图样；（三）未经中国人民银行批准，在宣传品、出版物或者其他商品上使用人民币图样；（四）中国人民银行规定的其他损害人民币的行为。前款人民币图样包括放大、缩小和同样大小的人民币图样。”所以在人民币上乱写乱画等损毁行为都是法律明文禁止的，除此之外，随便使用人民币图样也是违法行为。例如一些蛋糕店，用人民币图样做成生日蛋糕，以示“暴富”的寓意，殊不知这种行为触犯了法律。

《人民币管理条例》第四十二条规定：“故意毁损人民币的，由公安机关给予警告，并处1万元以下的罚款。”在实践中，对于实施了损毁人民币的行为人，公安机关会根据其损毁的人民币的金额作出罚款金额决定。如在王某与太原铁路公安局太原公安处、太原铁路公安局行政撤销一案中，当事人撕毁了一张100元人民币，公安机关对这一行为作出了警告及罚款300元的决定。涂抹也属于毁损人民币，所以学校老师切忌使用在人民币上写学生名字记录的方式，这样的做法不仅违法，还可能给学生带来错误导向。对于用现金交纳费用的学生，应采取其他方式记录、管理。若学生自己在人民币上写了名字，老师应予以纠正，也可以借此机会向学生普及使用人民币的相关法律知识。

6 旅游时在名胜古迹上乱写乱画将承担什么法律责任？

情景再现

珂珂与父母外出旅游时，参观了多个景点，风景区的名胜古迹让珂珂大开眼界。摄影留念后，珂珂却心想：现在修图技术人人都会，即便我在这里拍照留念，同学也可能怀疑我没有来过，干脆在这里留下点什么痕迹，以后认识自己的人来了这里看到就都知道自己来过了。于是，珂珂便在风景区一颗名石上用记号笔写上“×珂到此一游”，随后离开。工作人员发现后立刻拍照留证，对名石进行了清洗，并联系当地派出所做进一步调查。公安机关找到珂珂时，他将面临怎样的处罚呢？

法律分析

我国各风景区的名胜古迹是中华历史的文化遗产，有刻画、涂污或者以其他方式故意损坏行为的，需要承担相应的法律责任。《治安管理处罚法》第六十三条规定：“有下列行为之一的，处警告或者二百元以下罚款；情节较重的，处五日以上十日以下拘留，并处二百元以上五百元以下罚款：（一）刻划、涂污或者以其他方式故意损坏国家保护的文物、名胜古迹的；（二）违反国家规定，在文物保护单位附近进行爆破、挖掘等活动，危及文物安全的。”所以，珂珂的行为将面临警告和罚款的处罚。

破坏文物、名胜古迹不仅是违法行为，情节严重的，还构成犯罪，结果就不仅仅是警告和罚款这么简单了。《刑法》第三百二十四条规定了故意损毁文物罪：“故意损毁国家保护的珍贵文物或者被确定为全国重点文物保护单位、省级文物保护单位的文物的，处三年以下有期徒刑或者拘役，并处或者单处罚金；情节严重的，处三年以上十年以下有期徒刑，并处罚金。故意损毁国家保护的名胜古迹，情节严重的，处五年以下有期徒刑或者拘役，并处或者单处罚金。过失损毁国家保护的珍贵文物或者被确定为全国重点文物保护单位、省级文物保护单位的文物，造成严重后果的，处三年以下有期徒刑或者拘役。”如果为了图一时之快，满足自己的虚荣心，破坏了我们国家的文化遗产，这种行为不仅使国家的名胜古迹受损，还可能毁掉自己的一生。在欣赏文物、名胜古迹时，我们要注意爱护、共同保护我们国家的文化遗产。

7　野生动物可以带回家饲养吗？

情景再现

依依和同学在郊外游玩时，看到一只受伤的短尾猴躺在树林中。这让追求个性的依依兴奋不已，心想同学都养小猫小狗，要是自己能把这只短尾猴带回家养那该有多酷。当依依向同学求助，打算捕捉短尾猴时，却被班长劝阻，班长称短尾猴可能是从动物园里跑出来的，大家没有权利这么做，应该报警让相关部门来处理。依依却认为班长只是嫉妒自己可以拥有短尾猴做宠物，这荒郊野岭离动物园很远，短尾猴不可能是动物园的，自己捡到了就可以带回家饲养。双方就带野生动物回家饲养是否合法的问题发生争执。

法律分析

野生动物是不能随便饲养的。《野生动物保护法》第六条规定：“任何组织和个人都有保护野生动物及其栖息地的义务。禁止违法猎捕野生动物、破坏野生动物栖息地。任何组织和个人都有权向有关部门和机关举报或者控告违反本法的行为。野生动物保护主管部门和其他有关部门、机关对举报或者控告，应当及时依法处理。”依依在不了解短尾猴的生活环境需求、是否属于国家保护动物的情况下，直接带回家饲养自然不妥。

如果是故意猎捕野生动物，后果就更严重了。《刑法》第三百四十一条第一款规定：“非法猎捕、杀害国家重点保护的珍贵、濒危野生动物的，或者非法收购、运输、出售国家重点保护的珍贵、濒危野生动物及其制品的，处五年以下有期徒刑或者拘役，并处罚金；情节严重的，处五年以上十年以下有期徒刑，并处罚金；情节特别严重的，处十年以上有期徒刑，并处罚金或者没收财产。”根据《国家重点保护野生动物名录》，短尾猴属于国家二级保护动物，故意猎杀的，将承担刑事责任。

即使想饲养的野生动物不属于我国保护动物，饲养野生动物也需要具备专业的饲养能力和条件，野生动物携带病毒，还可能对环境造成影响，这些都将给饲养者甚至社会带来隐患。我们在发现受伤、迷途的野生动物时，应当及时通知当地相关部门，不能擅自作处理。

8　在家练琴打扰到邻居也违法吗?

情景再现

婷婷从小热爱音乐，一直在学习钢琴。因为学业繁忙，婷婷只能利用课余时间学习和练习钢琴。某日夜晚，刚练完琴的婷婷躺在床上突发灵感，立刻再次起床试谱演奏，想要记下刚才创作出的曲谱。正当婷婷陶醉其中时，突然有民警前来敲门。婷婷惊出一身冷汗：难道在自己家练琴都违法了吗?

法律分析

在家练琴的行为本身没有问题，但乐器毕竟会发出声响，《环境噪声污染防治法》第四十六条规定：“使用家用电器、乐器或者进行其他家庭室内娱乐活动时，应当控制音量或者采取其他有效措施，避免对周围居民造成环境噪声污染。”所以我们需要注意练琴的时间段，并考虑琴声是否会影响他人的正常生活。民警之所以会上门，是因为婷婷不仅半夜练琴，还没有采取一定的措施控制音量。《环境噪声污染防治法》第五十八条规定：“违反本法规定，有下列行为之一的，由公安机关给予警告，可以并处罚款：（一）在城市市区噪声敏感建筑物集中区域内使用高音广播喇叭；（二）违反当地公安机关的规定，在城市市区街道、广场、公园等公共场所组织娱乐、集会等活动，使用音响器材，产生干扰周围生活环境的过大音量的；（三）未按本法第四十六条和第四十七条规定采取措施，从家庭室内发出严重干扰周围居民生活的环境噪声的。”所以婷婷常年在课余时段，也就是晚上的时间练习钢琴，可能已经给邻居带来了困扰，在没有考虑到邻居感受、采取措施避免“噪声”的情况下，婷婷可能将面临警告和罚款的处罚。

除此之外，《环境噪声污染防治法》第六十一条规定：“受到环境噪声污染危害的单位和个人，有权要求加害人排除危害；造成损失的，依法赔偿损失。赔偿责任和赔偿金额的纠纷，可以根据当事人的请求，由生态环境主管部门或者其他环境噪声污染防治工作的监督管理部门、机构调解处理；调解不成的，当事人可以向人民法院起诉。当事人也可以直接向人民法院起诉。”受到噪声干扰的邻居有权让婷婷停止半夜练琴，如果情况严重给邻居造成损失，婷婷还需赔偿。

琴声虽然优美，本身并不属于让人难以忍受的噪声，但只要影响、干扰到了其他人，就需要采取一定的措施控制音量。

9 坐车时可以向车外扔垃圾吗?

情景再现

阿哲一家人酷爱自驾游，决定在“十一黄金周”去附近的古镇游玩。因路程较长，阿哲的妈妈买了很多水果零食，准备在车上吃。出发前，阿哲的爸爸提醒阿哲带好垃圾袋，以便处理吃水果零食产生的垃圾。阿哲表示不解：直接打开窗扔出果皮不就行了，为什么还要这么麻烦带垃圾袋呢?

法律分析

近年来，向车外抛撒物品致人受伤、砸坏其他车辆的新闻层出不穷，尤其是在高速公路上乱扔垃圾，会带来更严重的后果，而做出这种行为的人也都受到了社会的强烈指责。尽管如此，一些人还会抱有侥幸心理，认为只要没有伤到人、损坏其他物品、没有人看见就没事。殊不知，这种行为不仅不符合道德素质标准，还触犯了法律。《道路交通安全法》第六十六条规定：“乘车人不得携带易燃易爆等危险物品，不得向车外抛洒物品，不得有影响驾驶人安全驾驶的行为。”即便不在高速公路上，周围也没有行人或其他车辆，阿哲吃完水果也不可以直接向车外扔果皮。

此外，司机对保护道路交通安全有更重的义务。《道路交通安全法实施条例》第六十二条规定：“驾驶机动车不得有下列行为：……（五）向道路上抛撒物品；……”此条规定将向道路抛撒物品与其他危险驾驶行为并列，可见向车外扔垃圾的严重性。

随着时代的进步，私家车越来越多，我们在享受高质量生活的同时，也应积极维护社会秩序、公共环境的清洁及安全，做遵纪守法的文明公民。

10 服兵役是中国公民的义务吗？

情景再现

阿华从小就迷恋外国明星，偶像的才艺、颜值让他憧憬不已，尤其是某团体的C明星，阿华一直关注着C明星的一切动态。某日阿华看到新闻上说C明星要去服兵役了，可能会长时间在娱乐圈消失，服完兵役也不一定会返回娱乐圈。阿华伤心不已，觉得C明星星途一片光明，这个时候却必须离开去服兵役真是太可惜了。惋惜之余，阿华不禁想：那在我们国家，我们到了一定的年龄是不是也必须服兵役呢？

法律分析

在一些国家，服兵役是强制性规定，男性到了一定年龄必须服兵役，例如上述情境中的C明星。虽然我国没有适龄必须服兵役的强制性规定，但是否是强制性规定和是否有义务是不同的概念。《兵役法》第三条规定："中华人民共和国公民，不分民族、种族、职业、家庭出身、宗教信仰和教育程度，都有义务依照本法的规定服兵役。有严重生理缺陷或者严重残疾不适合服兵役的人，免服兵役。依照法律被剥夺政治权利的人，不得服兵役。"所以作为符合条件的中国公民，依照法律服兵役和参加民兵组织是我们的光荣义务。

那么有义务意味着什么，我们应该怎么做呢？大多数人都并不知道，我国年满十八周岁的男性公民是需要进行兵役登记的。一些人认为，自己并没有当兵的意愿，就不需要进行兵役登记。但《兵役法》第十三条明确规定："国家实行兵役登记制度。每年十二月三十一日以前年满十八周岁的男性公民，都应当在当年六月三十日以前，按照县、自治县、市、市辖区的兵役机关的安排，进行兵役登记。经兵役登记并初步审查合格的，称应征公民。"即便没有去部队发展的意愿，作为一名合格公民，我们也是有义务、有责任配合国家对符合兵役年龄的公民进行管理的。

第五章

未成年人犯罪预防

1　偷父母的钱是否构成盗窃罪？

情景再现

小鱼沉迷于某种网络游戏，这种游戏需要充值才能上线，按上线时间计算，时间用尽又需要充值。不仅如此，游戏里的装备价格昂贵，更有“召唤兽”等配置，都需要花钱购买。可小鱼仅是一名高中的学生，刚满十六岁，没有经济来源，更不可能在游戏中大量充值。无奈虚拟世界的人气和权威带给小鱼无限的满足感，为了在游戏中变得更强、更“受人尊敬”，小鱼趁爸爸熟睡时，偷偷从爸爸的钱包里拿走300元，充值到游戏中，事后爸爸并没有发现。小鱼发现父母对自己身上的钱没有什么概念，想着每次少拿一点父母不会发现，便三番五次地趁父母睡觉或外出时拿走父母100元到300元不等。父母也逐渐发现自己的钱老是会变少，怀疑是小鱼拿走的，但又不愿意相信自己的孩子有这种行为。终于在某次，小鱼在偷妈妈钱的时候被爸爸抓个正着。爸爸气愤地骂小鱼是小偷，要带小鱼去派出所，妈妈则上前劝阻，担心小鱼真的被判盗窃罪。那么，偷父母的钱是否构成盗窃罪呢？

法律分析

盗窃罪是指以非法占有为目的，盗窃公私财物数额较大或者多次盗窃、入户盗窃、携带凶器盗窃、扒窃公私财物的行为。盗窃罪是最常见的一种侵占财物的行为，所以大部分人并没有意识到严重性，殊不知盗窃也是一种需要负刑事责任的行为。《刑法》第十七条对刑事责任的年龄进行了规定："已满十六周岁的人犯罪，应当负刑事责任。已满十四周岁不满十六周岁的人，犯故意杀人、故意伤害致人重伤或者死亡、强奸、抢劫、贩卖毒品、放火、爆炸、投放危险物质罪的，应当负刑事责任。已满十二周岁不满十四周岁的人，犯故意杀人、故意伤害罪，致人死亡或者以特别残忍手段致人重伤造成严重残疾，情节恶劣，经最高人民检察院核准追诉的，应当负刑事责任。对依照前三款规定追究刑事责任的不满十八周岁的人，应当从轻或者减轻处罚。因不满十六周岁不予刑事处罚的，责令其父母或者其他监护人加以管教；在必要的时候，依法进行专门矫治教育。"

对于未成年人来说，只要满了十六周岁，就应当负刑事责任，犯了盗窃罪自然应当承担刑事责任。偷盗父母的财物也不例外，只要小鱼年满十六周岁，这样多次偷父母的钱、达一定数额，也是构成盗窃罪的。但《最高人民法院、最高人民检察院关于办理盗窃刑事案件适用法律若干问题的解释》第八条解释说明："偷拿家庭成员或者近亲属的财物，获得谅解的，一般可不认为是犯罪；追究刑事责任的，应当酌情从宽。"如果小鱼的妈妈表示谅解，小鱼是不会被追究刑事责任的。

青少年在懵懂时期，大多是意识不到盗窃的严重性的，父母应该从小教育孩子，未经允许拿其他人的东西是不可以的，自己家里人的也不例外。如果有需求，可以告诉父母，绝对不可以私自窃取。同时，正确引导孩子的思想观念也很重要，也要让孩子明白，世界上有很多我们得不到的东西，要学会以正确的心态去面对，即便父母拒绝了自己的要求也不可以动歪脑筋，不可以不惜一切手段去得到。孩子的性格、思想都与遇到的事、身边人的处理方式有关，作为长辈应该随时关注孩子的心理状态，防止孩子坠入犯罪的深渊。

2 未成年人帮犯罪分子望风、提供工具要承担什么样的刑事责任?

情景再现

小石今年十五岁，与吴生合谋抢劫路人钱财，由吴生来实施抢劫，小石负责望风。案发当日早上，两人来到案发地点，吴生趁被害人曲小姐不备，抢走曲小姐价值6000多元的金项链。随后两人被公安机关抓获。法院经审理认为，两人的行为构成抢夺罪，小石在整个犯罪过程中负责望风，起次要作用，最终判决小石有期徒刑一年二个月，并处罚金人民币5000元。

法律分析

小石有犯抢劫罪的合意，又帮犯罪分子望风，属于从犯。虽然从犯一般没有直接实施犯罪行为，在犯罪过程中起次要作用，但从犯也需要承担刑事责任。《刑法》第二十七条规定："在共同犯罪中起次要或者辅助作用的，是从犯。对于从犯，应当从轻、减轻处罚或者免除处罚。"未成年人也不例外，至于承担何种刑事责任，取决于所触犯的罪名以及案发时未成年人的年龄。

《刑法》第十七条第二款规定："已满十四周岁不满十六周岁的人，犯故意杀人、故意伤害致人重伤或者死亡、强奸、抢劫、贩卖毒品、放火、爆炸、投放危险物质罪的，应当负刑事责任。"小石帮犯罪分子望风，系抢劫罪的帮助犯，由于其已经达到追究抢劫罪刑事责任的年龄，应当承担相应的刑事责任。

需要注意区分的是，从犯需要和主犯有共同犯罪的合意。如果是犯罪分子利用不到刑事责任年龄的人犯罪，从而支配未成年人实施犯罪的，被利用的人与犯罪分子不存在犯罪的合意，不属于共同犯罪。

无论如何，未成年人应当知法守法，明知他人在实施犯罪行为时，应坚决拒绝加入。同时，未成年人也应增强自己的辨别能力，防止被不法分子利用。

3 未成年人抢低年级学生财物构成抢劫罪吗?

情景再现

初中二年级的小徐沉迷于网络游戏，将自己的零用钱全部用于游戏充值。父母发现后，便对小徐的零用钱进行了控制。停止充值的小徐无法登录游戏，便和朋友一起，打算通过抢劫低年级学生来满足自己的游戏开销。当天放学后，小徐和伙伴们在一条偏僻的小路上，堵住了刚刚放学的小学三年级的小张以及小王。小徐要求小张和小王交出身上所有的钱财，最终将两人身上共计130多元全部抢走，同时，小徐还抢走了小张的手机，确认两人身上没有其他钱财后才与伙伴一起离开。小张的父母得知此事后来到派出所报案，当晚小徐等人便被公安机关抓获。

法律分析

未成年人的年龄范围广，不同年龄段的未成年人之间行为能力差距较大，对于犯罪的认识、主观恶性也存在差异。因此《刑法》在打击犯罪的同时，也针对不同年龄段的未成年人犯罪作出了具体规定。未成年人抢低年级学生财物是否构成抢劫罪取决于实施抢劫行为时未成年人的具体年龄。

《刑法》第十七条对刑事责任年龄进行了规定，其中规定我国最低的刑事责任年龄为十二周岁，抢劫罪的刑事责任年龄为十四周岁。如果实施抢劫的未成年人未满十四周岁，不承担刑事责任，那么未满十四周岁的人抢低年级学生财物是不会以抢劫罪论处的，但应当受到相应的管教。本案中，初中二年级的小徐若已满十四周岁，则应当承担刑事责任。如果抢劫者已满十四周岁，犯抢劫罪的，应当负刑事责任。

虽然《刑法》对刑事责任年龄进行了规定，但这并不代表未达到刑事责任年龄的人就可以恣意妄为。近年来，不满十四周岁的未成年人故意杀人、故意伤害等恶性案件时有发生，过去这些低龄犯罪的未成年人，因未达刑事责任年龄而免受制裁，《刑法修正案（十一）》将刑事责任年龄下调至十二周岁，故意杀人、故意伤害性质恶劣的“小恶魔”不再是受害者的噩梦。每个人都是从懵懂无知到逐渐成熟，教育也是一个漫长的过程。《刑法》之所以会设定刑事责任年龄，是因为大部分小孩犯罪并不是因为坏，而是尚不能明辨是非，即便受到刑罚也可能不知道为什么，所以划分刑事责任年龄是有必要的。作为家长或学校，应在日常生活中给予年幼的未成年人正确引导，防止他们走上犯罪的道路。

4 通过网络传播淫秽物品违法吗？

情景再现

阿诚是一名十六岁的高二学生，某天阿诚的表哥说有“好东西”分享给阿诚，并通过QQ发送了某网红的不雅照及视频。阿诚看了非常震惊，没想到大家心目中的“宅男女神”竟然有这种照片和视频。随后阿诚在和同学私下建立的QQ小群里发送了这些照片和视频，大家顿时议论纷纷。一些同学听闻阿诚有该网红的“激情视频”，纷纷找阿诚索要观看，阿诚见大家都有兴趣，干脆将照片和视频做成资料包，在各个QQ群里发“广告”，出售某网红不雅照片、视频资源，10元一份，还真有不少人添加阿诚的QQ号想要购买。阿诚在以为找到赚零花钱的门路时，却被公安机关抓获。

法律分析

《刑法》第三百六十四条第一款明确了传播淫秽物品属于犯罪，传播淫秽的书刊、影片、音像、图片或者其他淫秽物品，情节严重的，处二年以下有期徒刑、拘役或者管制。传播淫秽物品罪并不要求以牟利为目的，阿诚将网红的不雅照片和视频在QQ上进行传播的行为已经触犯了法律。在生活中，部分人不认为通过网络传播淫秽信息属于违法犯罪行为，是因为没有意识到网络传播这些物品的严重性。现在网络信息发达、传播速度快，因为学习需要，很多未成年人也会使用网络，通过网络传播淫秽物品的行为给青少年的心理健康埋下了隐患。阿诚和他的同学都是未成年人，阿诚表哥的行为已经产生不良影响，更不用说阿诚以这样的传播方式，将淫秽物品一传十、十传百，造成更大的不良影响。《刑法》也明确规定了，向不满十八周岁的未成年人传播淫秽物品的，从重处罚。

阿诚不仅以网络形式传播了淫秽物品，还收取了一定费用，这种行为的法律后果更加严重。《刑法》第三百六十三条规定："以牟利为目的，制作、复制、出版、贩卖、传播淫秽物品的，处三年以下有期徒刑、拘役或者管制，并处罚金；情节严重的，处三年以上十年以下有期徒刑，并处罚金；情节特别严重的，处十年以上有期徒刑或者无期徒刑，并处罚金或者没收财产……"阿诚已经满十六周岁，应对自己的行为负刑事责任，一时的猎奇和开玩笑心理，却可能给他带来监禁和罚款。

《刑法》第三百六十七条规定了淫秽物品的范围："本法所称淫秽物品，是指具体描绘性行为或者露骨宣扬色情的诲淫性的书刊、影片、录像带、录音带、图片及其他淫秽物品。有关人体生理、医学知识的科学著作不是淫秽物品。包含有色情内容的有艺术价值的文学、艺术作品不视为淫秽物品。"我们在注意的同时也需要分清什么属于淫秽物品，做懂常识、守法律的合格公民。

5 未成年人冒充残疾人乞讨构成诈骗吗?

情景再现

在阿牧上学路过的天桥上，每天都有一个残疾小男孩坐在那里乞讨。那个小男孩双腿用麻布口袋裹着，面前放有一张纸，用毛笔写着自己曾因工伤失去双腿，无亲无故，走投无路，希望各位好心人帮帮他，同时放着悲惨的音乐，十分令人同情。虽然第一次看见这个残疾小男孩时阿牧已经给过他一些钱，但每次路过还是觉得很揪心。某日阿牧下了晚自习后，做完了一套模拟试卷才准备回家，比往常稍微晚了些。在上天桥时，阿牧又看见了那个残疾小男孩。令他没想到的是，那个残疾小男孩环顾了一下四周，看见似乎没有人时，慢慢将套在腿上的麻布口袋取下，松开双腿，突然站起来跟正常人一样行走。阿牧惊呆了：这个小男孩每天都在这里博取同情，路过的陌生人不知道给了他多少钱，他这种行为构成诈骗吗？阿牧悄悄将“残疾小男孩”行走的情况用手机录了下来，准备到公安机关报案。

法律分析

诈骗罪是指以非法占有为目的，用虚构事实或者隐瞒真相的方法，骗取数额较大的公私财物的行为。从法律规定来看，要构成诈骗罪，骗取的必须是财物而不是其他东西。如果冒充残疾人只是为了博取同情、要一些吃的，虽然也用了欺骗的手段，但不构成《刑法》中的诈骗罪。就像生活中一些人把自己包装成完美的样子，骗取了他人的信任，虽然含有欺诈性质，但并不会受到刑事处罚。

判断是否构成诈骗罪，通常有三个要素：首先，行为人要有非法占有的目的，并且实施了欺诈的手段，也就是说诈骗一定是故意而为之的，不可能是碰巧或者过失。其次，被害人要基于相信了行为人编造的谎言而对自己的财产进行了处分。如果被害人知道对方在行骗，还是处分了自己的财产，那么诈骗是不成立的。最后，构成诈骗罪一定是行为人取得了财产，而被害人受到了财产上的损失。

《刑法》第二百六十六条规定："诈骗公私财物，数额较大的，处三年以下有期徒刑、拘役或者管制，并处或者单处罚金；数额巨大或者有其他严重情节的，处三年以上十年以下有期徒刑，并处罚金；数额特别巨大或者有其他特别严重情节的，处十年以上有期徒刑或者无期徒刑，并处罚金或者没收财产。本法另有规定的，依照规定。"阿牧在天桥上看到的那个"残疾小男孩"，为了骗取陌生人的财物而假扮残疾人，人们基于相信他是残疾人出于同情而给他钱，这个行为是构成诈骗的，但由于刑罚已是最严重的惩治手段，要定一个人罪，除了要参考行为人主观上的恶意，还要看他对社会造成了怎样的危害，诈骗罪主要在于财物数额。所以这个“残疾小男孩”的行为是否会被认定为诈骗罪，还要看他因此骗取了多少财物。犯罪行为符合诈骗罪的构成要件，且行为人的刑事责任年龄达到十六周岁，那么就可以被追究诈骗罪的刑事责任。如果是成年人利用未达到刑事责任年龄未成年人实施诈骗，那么成年人要承担相应的刑事责任。

6　未成年人故意纵火要负刑事责任吗？

情景再现

十四岁的小赵与同班同学小王一直以来关系都不好。两人最近又因琐事在校内爆发矛盾，回家后的小赵越想越生气，决定晚上去小王家对其实施报复以发泄自己的愤怒。到了晚上。小赵来到小王家门前，小赵看到小王家院内堆放了许多杂物，便掏出打火机点燃了院内杂物，随后逃跑。大火最终没有造成人员伤亡，但却给小王一家造成了一定的经济损失。小王一家在灭火后调取监控录像，发现是小赵所为，于是选择报警，警方不久后便将小赵抓获。

法律分析

未成年人故意纵火是否要负刑事责任取决于案发时未成年人的年龄。我国目前规定的刑事责任年龄最低为十二周岁，其中放火罪的刑事责任年龄为十四周岁，如果未成年人故意实施纵火行为时未满十四周岁，则不需要承担刑事责任，但其监护人需要对他人的损失进行赔偿。但如果未成年人纵火时已满十四周岁，一旦纵火行为被认定为构成犯罪，就需要承担刑事责任。本案中，小赵已满十四周岁，故意放火，应当承担刑事责任。

《刑法》第十七条规定："已满十六周岁的人犯罪，应当负刑事责任。已满十四周岁不满十六周岁的人，犯故意杀人、故意伤害致人重伤或者死亡、强奸、抢劫、贩卖毒品、放火、爆炸、投放危险物质罪的，应当负刑事责任。已满十二周岁不满十四周岁的人，犯故意杀人、故意伤害罪，致人死亡或者以特别残忍手段致人重伤造成严重残疾，情节恶劣，经最高人民检察院核准追诉的，应当负刑事责任……"从法条可以看出，危害公共安全或者恶性较大的行为，应当承担刑事责任的年龄都低于十六周岁，未成年人在实施这些行为时也大多对自己行为的危害性有所认知，存在犯罪故意，所以作出了特别规定。上述案例中，即便火灾被及时发现，没有人员伤亡，但小赵故意在小王家放火的行为也有故意放火或故意杀人的嫌疑，应当被追究刑事责任。

法律虽然给予了犯罪的未成年人学习、改过的机会，但对恶劣的行为也绝不姑息。经统计数据分析，大部分犯这些罪的未成年人都是因为家庭教育的缺失，未成年人的成长环境在一定程度上决定着他们将成为什么样的人，作为父母除了应从小培养孩子的是非观，还应给予孩子足够多的爱，让孩子觉得其他人和自己一样，也是有家人关爱的，他们受到伤害时家人也是会伤心的，孩子就会出于同理心而不去做一些不好的事。

7　收留"朋友"在家吸毒有什么后果？

情景再现

小罗自身为吸毒人员，在2019年8月，多次允许其他吸毒人员在她家中一起吸毒。在第三次与朋友在家中吸毒时，被警方当场抓获。法院经审理认为，小罗多次容留他人吸食毒品，其行为触犯了《刑法》第三百五十四条，构成容留他人吸毒罪，最终被判处有期徒刑十个月，并处罚金人民币3000元。[①]

① 案例改编自四川省珙县人民法院（2020）川1526刑初101号刑事判决书。

法律分析

毒品会让人产生身体上和心理上的双重依赖，沾染毒品对个人、家庭和社会都有极大的危害。尤其未成年人心智尚未成熟，好奇心也比较强，毒品的魔爪更容易伸入。近年来，我国毒品犯罪案件成为增长最快的刑事案件类型之一。在毒品犯罪中，容留他人吸毒罪的增长尤其显著。面对涨势凶猛的毒品类犯罪，需要法律对买卖、运输、吸食毒品的涉毒全过程进行严厉打击。尽可能减少吸毒的需求，以从源头上打击毒品犯罪。

简单来说，任何与毒品相关的行为，都涉嫌违法犯罪，那么收留“朋友”在家吸毒更是不例外。一些人认为，别人吸毒与自己无关，只要自己不吸，朋友要求来自己家里吸毒也可以“行个方便”，但毕竟这种为吸毒人员提供私密性的吸毒场所，是对吸毒行为提供了积极的条件，也将受到《刑法》的严厉打击。《刑法》第三百五十四条规定：“容留他人吸食、注射毒品的，处三年以下有期徒刑、拘役或者管制，并处罚金。”所以收留他人在家吸毒，构成容留他人吸毒罪，要承担刑事责任，可见为吸毒人员提供场所的危害性。尤其是未成年人，是非观念还不成熟，即便认为让朋友在自己家吸毒不妥，也经常觉得并不太妨碍自己而没有对朋友说“不”。学校和家长应正确帮助未成年人净化朋友圈，千万莫交毒友。

8 “约群架”会有什么样的后果?

情景再现

小何与小刘在学校因琐事发生纠纷，小刘便找到小张帮忙出面协调解决。后来双方再次发生辱骂争执被劝开。为报复对方，小张、小刘与小何相约次日中午放学后斗殴。次日中午，小何事先纠集十几人，小张事先纠集20余人，分别持刀、棍棒及扳手，在校外马路上聚众斗殴，导致多人受伤，经伤情鉴定，部分人员构成轻伤。法院经审理认为小张、小何等人的聚众斗殴行为，扰乱了社会秩序，均已构成聚众斗殴罪，判决小张犯聚众斗殴罪，判处有期徒刑三年六个月；小何犯聚众斗殴罪，判处有期徒刑三年六个月；小刘因未成年另案处理。①

法律分析

受一些电影、电视剧的影响，“约群架”这种恶劣的现象竟成为一些中小学生解决问题的“方式”，大多数人在上学期间都听说过校外“约群架”事件，“放学别走”也成为网络上互相调侃的流行用语，可见“约群架”的现象并不少见。未成年人

---

① 案例改编自四川省成都市双流区人民法院（2019）川0116刑初913号刑事判决书。

普遍对“约群架”没有正确的认识，那些“约群架”的青少年更认为这是一种你情我愿、互拼“实力”的相互较量的手段而已，没有意识到“约群架”的行为是对他人生命健康权的侵犯，同时还破坏了正常的社会秩序。

“约群架”不仅仅是打打架、互相赔偿那么简单的问题，严重的还可能构成犯罪。《刑法》第二百九十二条对聚众斗殴罪作出了规定：“聚众斗殴的，对首要分子和其他积极参加的，处三年以下有期徒刑、拘役或者管制；有下列情形之一的，对首要分子和其他积极参加的，处三年以上十年以下有期徒刑：（一）多次聚众斗殴的；（二）聚众斗殴人数多，规模大，社会影响恶劣的；（三）在公共场所或者交通要道聚众斗殴，造成社会秩序严重混乱的；（四）持械聚众斗殴的……”组织参与“约群架”可能会构成聚众斗殴罪。即便约了群架没有打起来，这种行为也破坏了社会秩序，可能会以寻衅滋事罪论处。如果在打群架的过程中，造成了他人重伤甚至死亡，则可能构成故意伤害罪或是故意杀人罪，将承担更加严重的刑事责任。

中小学生在与同学产生纠纷或受到校园欺凌时，应及时告知老师或家长，采用正确的方式解决问题，切勿“以暴制暴”，与同学打架斗殴，甚至“约群架”。这样的方式不仅解决不了问题，还可能给自己、给他人带来伤害，给学校和社会造成不良影响。作为学校和家长，在告诉未成年人暴力无法解决问题的同时也要让他们意识到这种行为的严重性和危害性。

9 伸张正义致人受伤、死亡怎么办？

情景再现

彭彭在下晚班回家的路上，看到一名歹徒正持刀抢劫一名女子。彭彭立刻呵斥，并迅速拉住歹徒，让女子打电话报警。歹徒听见彭彭说要报警，便想用手上的小刀捅彭彭，两人开始厮打起来。彭彭趁机夺过歹徒的小刀扔进旁边的草丛，可歹徒仍不罢休，捡起地上的砖头就往彭彭头上砸。彭彭为了制止歹徒，顺手捡起一根大木头打向歹徒，不料木头上有一个钉子，歹徒被钉子刺中太阳穴身亡，警察赶到后将彭彭带走。被救的女子非常担心：彭彭是因为救自己才造成了这个结果，彭彭会因为杀了人而负刑事责任吗？

法律分析

当我们的生命受到不法侵害时，进行防卫、反击是人的本能反应。但在此过程中，可能造成加害方的伤亡。近几年来，各种防卫致加害方死亡的新闻接二连三，防卫者是否要负刑事责任的问题也引起群众的热议。在道德方面，大部分人会觉得防卫者比较无辜，加害的一方先有不良、过激行为，被害的一方进行防卫导致加害方伤亡不负刑事责任是理所当然的，也就是我们所说的“正当防卫”。但在某些案件中，防卫的一方依旧被认定为故意伤害或者杀人，承担了刑事责任。那么，法律到底是如何规定的呢？

根据《刑法》第二十条的规定，所谓正当防卫，是指当国家、公共利益、本人或他人的人身、财产和其他权利受到不法侵害时，对正在进行不法侵害行为的人采取制止的行为。从这个定义可以看出，正当防卫可以是为了保护自己，也可以是为了保护国家、公共利益或他人，并且可以是多方面的。同时我们需要注意的是，根据最高人民法院、最高人民检察院、公安部联合发布的《关于依法适用正当防卫制度的指导意见》可知，正当防卫需要同时满足五个要件：（1）存在不法侵害。需要注意的是，加害方的伤害必须是不法侵害，这不难理解，警察在抓捕歹徒的时候，歹徒的反抗就不属于正当防卫。（2）侵害正在进行。也就是说，如果并不是在不法侵害进行中，而是在事后被害人对加害人进行了伤害，或者可以通过其他方式制止、防卫手段超过必要限度的，并不算正当防卫。（3）防卫对象是不法侵害人。（4）是为了使国家、公共利益、本人或者他人的人身、财产和其他权利免受不法侵害的制止行为。正当防卫必须是一种制止不法侵害进行的行为，如果是故意以语言、行为等挑动对方侵害自己，再予以反击的防卫挑拨，也不属于正当防卫。(5) 防卫人行为具有一定的限度，非斗殴行为。

在上述案例中，首先，彭彭看到歹徒正在进行抢劫，从而上前制止，符合不法侵害正在进行的条件。其次，歹徒掏出小刀、用石头砸彭彭头的行为，确实对彭彭的生命造成了威胁，彭彭在紧急之下拿木棍打歹徒的行为并没有超过正常的防卫手段，只是碰巧木棍上有钉子造成了歹徒的死亡，这属于彭彭不能预见的事情，彭彭并没有杀害歹徒的故意，所以不应以故意杀人罪论处。

当我们面对不法侵害时，法律给予我们进行阻止和反抗的权利，但要注意防卫的手段和强度，以制止对方不法行为为主。

10　为偶像集资属于违法犯罪活动吗？

情景再现

黛子是S女星的狂热粉丝，时时关注S女星的一切动态，并建立了多个粉丝群，经常与其他粉丝互动聊天，更是在S女星在黛子的城市出席活动或女星生日时，向其他粉丝发起集资邀请，共同筹钱给偶像买心仪的礼物。某日，曝出S女星插足他人婚姻的小道消息，使得S女星的名声一落千丈。黛子看后心急如焚，认为S女星不可能做这样的事，大家必须一起为她伸张正义。可粉丝再多也抵不过舆论的压力，黛子了解到“雇网络水军”（即雇人发表S女星的正面评论）的门路，便又在群里开始集资了。这一次黛子要求大家多出钱，称价格是按照质量和字数计算的，要帮助S女星雇的“水军”就一定要够多、质量要够好。黛子的行为引起多人关注，这样公然集资，属于违法犯罪活动吗？

法律分析

大部分人都听过“非法集资”这个词语，在无法理解狂热粉丝为偶像集资买礼物、打榜等行为的同时，也在思考这种行为是否违反了法律规定。所谓“非法集资”，是指《刑法》第一百七十六条规定的非法吸收公众存款罪：“非法吸收公众存款或者变相吸收公众存款，扰乱金融秩序的，处三年以下有期徒刑或者拘役，并处或者单处罚金；数额巨大或者有其他严重情节的，处三年以上十年以下有期徒刑，并处罚金；数额特别巨大或者有其他特别严重情节的，处十年以上有期徒刑，并处罚金。单位犯前款罪的，对单位判处罚金，并对其直接负责的主管人员和其他直接责任人员，依照前款的规定处罚。有前两款行为，在提起公诉前积极退赃退赔，减少损害结果发生的，可以从轻或者减轻处罚。”可以看到，此罪除了非法吸收公众存款外，还需要满足扰乱金融秩序这个要件，例如未经金融主管部门批准，以高额回报为诱饵，骗取他人投资的行为。而为偶像集资买礼物、打榜等行为，是单纯的集体消费行为，换来的是偶像的开心，集资行为的主要目的并不是获取利益。加上集资群体具有针对性，粉丝捐赠纯属自愿，等同于赠与行为，也并没有扰乱金融秩序，所以不构成所谓的“非法集资”。只是这种行为具有盲目性，集资的大多数是未成年人，并不被社会推崇。

追星虽没有错，粉丝如何处分自己的财物也是粉丝的自由，但在此过程中也需要注意保持头脑的冷静，理智对待。一些组织者以为偶像应援为由，非法骗取粉丝的资金，甚至直接冒充明星骗取财物，这些行为则可能构成诈骗罪。粉丝应提高警惕，在发现他人有诈骗等不法行为时应及时取证，果断报警处理，以维护自身和其他粉丝的合法权益。

11 做兼职帮忙发送赌博短信、“刷单”等诈骗信息有什么后果?

情景再现

阿敬是一名大学生，看到同学在奶茶店打工、做“微商”赚了不少零花钱，自己的心也痒痒的，无奈一直没有找到适合自己的兼职，便在网上挂了一则求兼职的广告。一个自称林哥的人找到阿敌，称他的工作很简单，每天只需要利用电脑和手机发发信息就可以了，每条信息5毛钱，按天结算，多发多得。阿敌便按指示添加了林哥的微信。林哥让阿敌在自己的电脑和手机上分别下载了几个软件，并把要发送的内容编辑给阿敌。阿敌发现信息内容全是那种自己收到过的赌博广告、邀请兼职“刷单”等垃圾信息，但想着反正收到的人也和自己一样不会理会，自己负责发送就有钱赚，可以尝试，便根据林哥的指示开始发送信息，结果刚发了两天就被警方带走了。

法律分析

随着社会的发展，人们的生活压力越来越大，学生和工薪阶层都想摸索一些赚外快的途径，殊不知其已成为犯罪分子下手的主要对象。一些违法犯罪活动也以“学生、宝妈均可”作为诱饵，来骗这些人参与其中。各种普法教育广告也时刻提醒，许多投资活动、网络兼职“刷单”等都是骗局，但很多人不知道，帮忙发送这些信息的人也涉嫌非法利用信息网络罪。

《刑法》第二百八十七条之一规定：“利用信息网络实施下列行为之一，情节严重的，处三年以下有期徒刑或者拘役，并处或者单处罚金：（一）设立用于实施诈骗、传授犯罪方法、制作或者销售违禁物品、管制物品等违法犯罪活动的网站、通讯群组的；（二）发布有关制作或者销售毒品、枪支、淫秽物品等违禁物品、管制物品或者其他违法犯罪信息的；（三）为实施诈骗等违法犯罪活动发布信息的。单位犯前款罪的，对单位判处罚金，并对其直接负责的主管人员和其他直接责任人员，依照第一款的规定处罚。有前两款行为，同时构成其他犯罪的，依照处罚较重的规定定罪处罚。”阿敬发送的信息属于为实施诈骗等违法犯罪活动的信息，无论是否有人上当受骗，他的行为都为犯罪分子实施犯罪活动提供了帮助，需要承担刑事责任。

此外，阿敬在发送部分垃圾短信时，为了成功发送还可能用到干扰正常通信的软件。《刑法》第二百八十八条规定：“违反国家规定，擅自设置、使用无线电台（站），或者擅自使用无线电频率，干扰无线电通讯秩序，情节严重的，处三年以下有期徒刑、拘役或者管制，并处或者单处罚金；情节特别严重的，处三年以上七年以下有期徒刑，并处罚金。单位犯前款罪的，对单位判处罚金，并对其直接负责的主管人员和其他直接责任人员，依照前款的规定处罚。”所以阿敬以为只是简单发发信息的兼职，实则是违法犯罪活动。

一些不法分子经常以“兼职”为由实施各种犯罪活动，法律意识薄弱的群众要么被拉上贼船，要么被骗。日常生活中我们一定要提高警惕，在察觉不对劲的时候一定不要参与其中，发现确为违法犯罪活动时要积极举报，避免更多的人上当受骗。

12 把欠钱不还的人拘禁起来可以吗?

情景再现

小于、小彭、小方为了索债，将蒋一先后带到三家宾馆。其间，小陆为索债也参与其中，以殴打等暴力手段限制蒋一的人身自由。两日后，小于、小彭、小罗为索债，先后将蒋二带至两家宾馆，以殴打等暴力手段限制其人身自由，蒋一、蒋二两人于两日后才离开。经鉴定：蒋二左大腿外伤属轻微伤；蒋一头面部外伤属轻微伤。公诉机关向法院提起公诉，认为小于、小彭、小方、小陆、小罗非法限制他人人身自由并实施殴打行为，触犯了《刑法》。小于的辩护人认为，本案属于索债型非法拘禁，受害人具有严重过错，小于主观恶意不深，请求从轻处罚。①

法律分析

宪法赋予了我们人身自由不受侵犯的权利，非经人民检察院批准或人民法院决定，并由公安机关执行，不受逮捕。禁止非法拘禁和以其他方法非法剥夺或者限制公民的人身自由。根

① 案例改编自新疆维吾尔自治区巴音郭楞蒙古自治州库尔勒市人民法院(2017)新2801刑初201号刑事判决书。

据《刑法》的规定，非法拘禁罪是指以拘押、禁闭或者其他强制方法，非法剥夺他人人身自由的犯罪行为。非法拘禁罪侵犯的客体是他人的身体自由权。上述案例中，小于等人把蒋一、蒋二关在宾馆房间进行殴打的行为，同时侵害了他们的人身自由和生命健康权，应当承担相应的责任。

索债和非法拘禁没有必然的因果关系，小于等人也可以通过其他合法途径索债，例如向人民法院起诉等，所以蒋一、蒋二拖欠借款并不能成为小于等人犯罪的理由。此外，《刑法》第二百九十三条之一规定："有下列情形之一，催收高利放贷等产生的非法债务，情节严重的，处三年以下有期徒刑、拘役或者管制，并处或者单处罚金：（一）使用暴力、胁迫方法的；（二）限制他人人身自由或者侵入他人住宅的；（三）恐吓、跟踪、骚扰他人的。"若小于等人催收的是非法债务，那么因为索债将二人拘禁应从轻处罚的说法更不能成立。

近年来，各种借贷纠纷层出不穷，暴力索债的行为也逐渐增多。一些人为了索债对债务人进行恐吓、殴打、拘禁等行为，甚至直接抢劫，殊不知这些行为已经构成犯罪。债务纠纷应当通过合法的途径解决，不能成为违法犯罪的理由，若处理不当不仅拿不回钱，还可能被追究刑事责任。

13 他人存款忘记取卡，“顺手牵羊”有什么后果？

情景再现

小陶在银行的ATM机前排队等待取现金，该服务点只有一台机器，小陶见排队时间长便暂时离开准备等晚上人少再来。晚上小陶再次来到ATM机前，发现前一个人存款后并没有取走银行卡，操作页面还停在存款界面。小陶环顾四周发现无人，便尝试返回上级菜单看是否可以取款。几经操作，小陶从那张卡上取出几千元现金后偷偷离开。原来，当日银行的机器出现故障，导致持卡人存款后无法取回银行卡，维修人员赶到前机器又自动恢复正常，恰好被小陶“顺手牵羊”，银行通过监控录像发现小陶的行为后立刻报警。

法律分析

一些法律意识淡薄的人在碰到ATM机出故障这种情况时，以为“天上掉馅饼”了，即便心存不安，在面对现金时也控制不住自己的行为，但这种贪图小便宜的心理可能导致自己被追究刑事责任。

根据《最高人民检察院关于拾得他人信用卡并在自动柜员机（ATM机）上使用的行为如何定性问题的批复》可知，拾得他人信用卡并在自动柜员机（ATM 机）上使用的行为，属于《刑法》第一百九十六条第一款第三项规定的“冒用他人信用卡”的情形，构成犯罪的，以信用卡诈骗罪追究刑事责任。

《刑法》第一百九十六条规定了信用卡诈骗罪：“有下列情形之一，进行信用卡诈骗活动，数额较大的，处五年以下有期徒刑或者拘役，并处二万元以上二十万元以下罚金；数额巨大或者有其他严重情节的，处五年以上十年以下有期徒刑，并处五万元以上五十万元以下罚金；数额特别巨大或者有其他特别严重情节的，处十年以上有期徒刑或者无期徒刑，并处五万元以上五十万元以下罚金或者没收财产：……（三）冒用他人信用卡的；……”《最高人民法院、最高人民检察院关于办理妨害信用卡管理刑事案件具体应用法律若干问题的解释》第五条解释了“冒用他人信用卡”的情形：（1）拾得他人信用卡并使用的；（2）骗取他人信用卡并使用的；（3）窃取、收买、骗取或者以其他非法方式获取他人信用卡信息资料，并通过互联网、通讯终端等使用的；（4）其他冒用他人信用卡的情形。

综上所述，小陶在 ATM 机上“顺手牵羊”的行为构成信用卡诈骗罪。我们需要理性对待“天降的横财”，抱有侥幸心理去实施偷摸、欺诈行为只会给自己狠狠地上一课。

14 利用网络漏洞“薅羊毛”的行为属于什么性质?

情景再现

小李使用电脑进入手机百度WAP版的某话费充值平台，使用“FD”抓包软件，将系统设置的交易金额修改为0.01元，为自己两个手机号充值话费共计14次，充值话费共计7000元。数月后，小李又利用某电子商务有限公司App客户端存在的系统漏洞，使用自己及他人的身份信息注册会员，使用“FD”抓包软件，拦截并篡改后台充值数据，在该客户端为自己和他人手机充值话费、购买游戏点卡等共计人民币9200元。后来，小李又通过小黄得知某公司网络支付平台有漏洞，遂登录该公司网站，使用他人的身份信息注册会员，利用“FD”抓包软件，拦截并篡改后台充值数据，将平台内的资金提现至其持有的银行卡内，共计66877元。后小李又将某公司网络支付平台漏洞信息以18800元的价格向小张销售，小张同意后，使用小李传授的方法，在小李远程指导下，刷走该公司人民币48853元。小李等人被公安机关抓获。①

① 案例改编自山东省济南市历下区人民法院（2018）鲁0102刑初338号刑事判决书。

法律分析

小李以非法占有为目的，采取秘密手段窃取他人财物，数额巨大，其行为已构成盗窃罪。实践中，大部分利用网络漏洞获利的年轻人会对公诉机关所指控的盗窃罪进行否认，觉得自己只是利用计算机、网络平台的漏洞获取了利益，是用自己的"智慧"获得了金钱，自己这样做只是出于好玩、为了获得"赚钱"的成就感，不应该被认定为盗窃罪。但利用网络漏洞"薅羊毛"的行为，完全符合盗窃罪的几个要件：行为人有非法占有目的、使用平和手段窃取他人财物、他人有财产损失。网络系统自身漏洞，并不能成为盗窃的理由，就像人家的口袋不小心打开了，不意味着我们就可以从人家口袋里拿钱。

利用网络漏洞"薅羊毛"的本质和偷摸并没有区别，不会比传统偷摸让人觉得更"高级"，一样是违法犯罪。一些青少年以为利用网络漏洞获利是一种很酷、来钱很快的方式，并抱着侥幸心理一而再、再而三地实施犯罪活动，对这种行为没有正确的认识。投机取巧获得了原本属于他人的财富最终还是要退赔，要承担刑事责任，还会给自己、家人都带来巨大的负担和影响。我们要谨记没有天上掉馅饼的事，应踏踏实实、实事求是地努力。

15 做“代购”倒卖古董、文物有什么后果？

情景再现

小林对古董、文物有较深的研究。在一次偶然聚会中，小林发现朋友家有古代石器，便和朋友商量买下，等待升值后伺机卖出。尝到甜头的小林便开始寻求各种途径购买古董、珍稀物品进行倒卖，连盗墓所获得的文物也不例外。小林还帮圈内共同爱好者进行“代购”、转卖，以赚取差价。两年时间，小林因此获利数十万元，经他人举报后被公安机关抓获。小林表示很无辜，为什么人家倒卖其他东西赚差价就可以，而自己倒卖古董、珍稀物品就不行呢？

法律分析

小林以牟利为目的，自己倒卖或帮助他人倒卖国家禁止经营的珍贵出土文物多件，其行为已构成倒卖文物罪。《文物保护法》第七十一条规定：“买卖国家禁止买卖的文物或者将禁止出境的文物转让、出租、质押给外国人，尚不构成犯罪的，由县级以上人民政府文物主管部门责令改正，没收违法所得，违法经营额一万元以上的，并处违法经营额二倍以上五倍以下的罚款；违法经营额不足一万元的，并处五千元以上二万元以下的罚款……”倒卖文物并不必然构成犯罪，但如果倒卖了国家禁止经营的文物，例如国有文物、盗墓所得的文物，则可能承担刑事责任。《刑法》第三百二十六条规定：“以牟利为目的，倒卖国家禁止经营的文物，情节严重的，处五年以下有期徒刑或者拘役，并处罚金；情节特别严重的，处五年以上十年以下有期徒刑，并处罚金。单位犯前款罪的，对单位判处罚金，并对其直接负责的主管人员和其他直接责任人员，依照前款的规定处罚。”

法律并不禁止公民持有、买卖文物，《文物保护法》第六条规定：“属于集体所有和私人所有的纪念建筑物、古建筑和祖传文物以及依法取得的其他文物，其所有权受法律保护。文物的所有者必须遵守国家有关文物保护的法律、法规的规定。”但在涉及古董、文物的领域中，国家对交易的方式、文物的种类及来源有一定的限制。一些人对古董、文物感兴趣，也可以通过继承、买卖、赠送、互换等合法方式持有或者获得，文物交易中的经营主体应当具备从事该类活动的资质，但不能买卖法律明确禁止买卖的文物。此外，个人之间还需要弄清楚古董、文物的来源，接受有关部门的监管。如果持有者获得文物的方式是盗墓，或者明知道是盗墓所得而购买，或是所获文物属于国家禁止交易的品种，买卖文物的行为则是违法犯罪。

16 公安机关在讯问涉嫌犯罪的未成年人时有什么不一样？

情景再现

小石是一名十七岁的少年，与朋友小葛等人吃夜宵时，小葛和邻桌发生争执。因双方都喝了酒，三言两语后便打了起来，小石和其他人均参与其中。夜宵店的老板即刻报警。警察赶到后，双方伤势已经非常严重，邻桌的小张被砸到头部流血不止，当场昏迷不醒，经医院抢救无效后死亡。公安机关对所有人进行了拘留，在讯问过程中，警方通知小石的父母来现场。

法律分析

未成年人的心理发育尚未成熟，对社会的认识还不够深入，为了维护未成年人的身心健康和合法权益，《未成年人保护法》第一百零二条规定："公安机关、人民检察院、人民法院和司法行政部门办理涉及未成年人案件，应当考虑未成年人身心特点和健康成长的需要，使用未成年人能够理解的语言和表达方式，听取未成年人的意见。"办案机关在侦办未成年人涉嫌犯罪的案件时，需要针对未成年人有不同的处理方式。

《未成年人保护法》第一百一十条规定："公安机关、人民检察院、人民法院讯问未成年犯罪嫌疑人、被告人，询问未成年被害人、证人，应当依法通知其法定代理人或者其成年亲属、所在学校的代表等合适成年人到场，并采取适当方式，在适当场所进行，保障未成年人的名誉权、隐私权和其他合法权益……”

《刑事诉讼法》第二百八十一条对未成年犯罪嫌疑人的讯问与审判也明确作出规定：“对于未成年人刑事案件，在讯问和审判的时候，应当通知未成年犯罪嫌疑人、被告人的法定代理人到场。无法通知、法定代理人不能到场或者法定代理人是共犯的，也可以通知未成年犯罪嫌疑人、被告人的其他成年亲属，所在学校、单位、居住地基层组织或者未成年人保护组织的代表到场，并将有关情况记录在案。到场的法定代理人可以代为行使未成年犯罪嫌疑人、被告人的诉讼权利。到场的法定代理人或者其他人员认为办案人员在讯问、审判中侵犯未成年人合法权益的，可以提出意见。讯问笔录、法庭笔录应当交给到场的法定代理人或者其他人员阅读或者向他宣读。讯问女性未成年犯罪嫌疑人，应当有女工作人员在场。审判未成年人刑事案件，未成年被告人最后陈述后，其法定代理人可以进行补充陈述。询问未成年被害人、证人，适用第一款、第二款、第三款的规定。”小石年仅十七岁，还未成年，所以公安机关在对小石进行讯问时通知了其监护人来现场，以保障小石的合法权益不受侵害，也从心理上和情感上给小石提供帮助。

17 成年人和未成年人共同犯罪的，一并处理吗？

情景再现

阿强是一名十六岁的少年，与小齐等人合谋抢劫小范的财物。案发当日，阿强、小齐等人将小范带到山上一间小木屋，对其进行殴打并要求交出钱财。小范交出自己的手机、钱包、手表后，小齐等人认为小范身上带的财物太少，这一票不“划算”，便要求小范打电话给家里人，要求转账10万元，否则不放小范离开。无奈之下小范只好照做，阿强、小齐等人收到钱后放小范下山，并叮嘱不许报警，否则小范将全家遭殃。事后阿强、小齐等人被公安机关抓获，公诉机关以共同犯罪指控阿强、小齐等人多项罪名。阿强作为未成年人，会和已成年的小齐等人一并处理吗？

法律分析

共同犯罪是指两个以上的人或单位有共同犯罪的故意，并实施了犯罪行为。因刑事责任年龄的限制，未成年人是否构成共同犯罪具有一定的特殊性，当未成年人未达到法律规定的刑事责任年龄时，自然也就不构成共同犯罪。所以在这种情况下，未成年人接受教育管制，不作为犯罪处理。上述案例中，阿强已经年满十六周岁，达到刑事责任年龄，就要被追究刑事责任了，但在处理过程中，又不同于小齐等人。

为了帮助教育未成年人、预防未成年人重新犯罪，《人民检察院办理未成年人刑事案件的规定》第五十一条规定："人民检察院审查未成年人与成年人共同犯罪案件，一般应当将未成年人与成年人分案起诉。但是具有下列情形之一的，可以不分案起诉：（一）未成年人系犯罪集团的组织者或者其他共同犯罪中的主犯的；（二）案件重大、疑难、复杂，分案起诉可能妨碍案件审理的；（三）涉及刑事附带民事诉讼，分案起诉妨碍附带民事诉讼部分审理的；（四）具有其他不宜分案起诉情形的……"除非有特殊情况，一般来说成年人和未成年人为共犯的案件应分案处理、分别起诉。

在该规定第五十二条中，再次明确了成年人和未成年人应分开起诉，并且采取快速办理的保护措施："对于分案起诉的未成年人与成年人共同犯罪案件，一般应当同时移送人民法院。对于需要补充侦查的，如果补充侦查事项不涉及未成年犯罪嫌疑人所参与的犯罪事实，不影响对未成年犯罪嫌疑人提起公诉的，应当对未成年犯罪嫌疑人先予提起公诉。"若人民检察院对未成年人与成年人共同犯罪案件分别提起公诉后，在诉讼过程中出现不宜分案起诉情形的，可以及时建议人民法院并案审理。

18 未成年人犯罪可以公之于众吗?

情景再现

小美是一名长相甜美、成绩优异的十五岁少女，是校园里的“风云人物”，也一直被周围人拿来与同寝室的阿晴作比较。在一次舞蹈比赛中，两人同时参赛，再一次引起校园里所有人的关注，小美便在心中暗自决定一定要好好表现，不能输给阿晴，然而最后阿晴拿了冠军。低落的小美想找自己的闺密倾诉，却看到自己的闺密正与阿晴谈笑风生，心生嫉妒、控制不住情绪的小美竟找来家里的农药，加在了阿晴的水里。阿晴喝后被送到医院抢救，小美也因此被捕。小美表示自己是一时冲动，非常后悔。小美的家人也极其担忧：小美是个非常好面子的人，如果案件到了审判阶段，同学、亲戚都去旁听，一定会给小美造成极大的心理伤害。同时，家人还担心这件事影响小美的未来。

法律分析

大多未成年人犯罪都是激情犯罪，一失足便成千古恨。《刑事诉讼法》第二百七十七条规定了办理未成年人刑事案件的方针与原则：“对犯罪的未成年人实行教育、感化、挽救的方针，坚持教育为主、惩罚为辅的原则。人民法院、人民检察院和公安机关办理未成年人刑事案件，应当保障未成年人行使其诉讼权利，保障未成年人得到法律帮助，并由熟悉未成年人身心特点的审判人员、检察人员、侦查人员承办。”可以看出，法律对于犯罪的未成年人有一定的宽容，惩罚不是目的，教育才是根本。

未成年人自尊心一般较强，但承受能力弱。为了保护未成年人的身心健康，法律给予了犯罪的未成年人隐私保护。《刑事诉讼法》第二百八十五条规定：“审判的时候被告人不满十八周岁的案件，不公开审理。但是，经未成年被告人及其法定代理人同意，未成年被告人所在学校和未成年人保护组织可以派代表到场。”所以，小美的案件同学或亲戚是无法旁听的，即便学校要派代表，也需要经过小美及小美家人的同意。

此外，为了让犯罪的未成年人以后可以更好地回归社会，《刑事诉讼法》第二百八十六条规定：“犯罪的时候不满十八周岁，被判处五年有期徒刑以下刑罚的，应当对相关犯罪记录予以封存。犯罪记录被封存的，不得向任何单位和个人提供，但司法机关为办案需要或者有关单位根据国家规定进行查询的除外。依法进行查询的单位，应当对被封存的犯罪记录的情况予以保密。”所以司法机关会对小美的犯罪记录予以封存，不会向小美以后的工作单位提供。《未成年人保护法》第一百零三条规定："公安机关、人民检察院、人民法院、司法行政部门以及其他组织和个人不得披露有关案件中未成年人的姓名、影像、住所、就读学校以及其他可能识别出其身份的信息，但查找失踪、被拐卖未成年人等情形除外。"承办小美案件的司法机关以及其他单位和个人也应予保密，不能披露小美的信息。

19 未成年人在成年前后连续抢劫，构成累犯吗？

情景再现

阿辉在十七岁时，参与了一起抢劫案，被判有期徒刑四年并处罚金。刑满释放后，阿辉又伙同朱某等人再次进行了抢劫。阿辉的父母非常痛心，听说法律为了惩罚屡教不改的人，规定累犯要受到更严重的刑罚，阿辉的父母担心阿辉的行为构成累犯，比之前判得更重，再也没有回头的机会。

法律分析

累犯加重处罚是指因犯罪被追究刑事责任，刑罚执行完毕或者赦免后，在五年内再次犯罪的罪犯，对于累犯须采取从重处罚的原则。累犯的主要构成要件是前后都被判处有期徒刑以上的刑罚，并且前后犯罪都是故意犯罪。《刑法》第六十五条规定："被判处有期徒刑以上刑罚的犯罪分子，刑罚执行完毕或者赦免以后，在五年以内再犯应当判处有期徒刑以上刑罚之罪的，是累犯，应当从重处罚，但是过失犯罪和不满十八周岁的人犯罪的除外。前款规定的期限，对于被假释的犯罪分子，从假释期满之日起计算。”从此条规定可以看出，未成年人前后连续犯罪不构成累犯。

那么犯罪分子犯前罪时未成年，刑罚执行完毕后已成年又犯罪的是否一样呢？我国在处理未成年人犯罪时采取“教育、感化、挽救”的原则，既然一般累犯的构成要求前后两个罪都是故意犯罪，从有利于未成年人的角度来说，那么从年龄上也应作同样的解释，即前后两次犯罪都需要满十八周岁才构成累犯，所以阿辉不构成累犯。

20 什么情况下未成年人可以免予刑事处罚？

情景再现

小郑是正在上高中的未成年人，某日小郑校外的朋友小蒲打电话跟小郑说有要紧事，让小郑赶紧来。小郑赶到朋友指定地点时，发现小蒲等人正在殴打小李。小蒲等人将小李打昏后，抢走小李的手机和钱包，并叮嘱小郑“善后”，小郑虽感到不安，但面对小蒲的催促便同意帮助小蒲等人处理现场。待小郑答应后，小蒲骑小李的摩托车离开现场。案发后一天，公安机关将小蒲等人抓获，小郑也到公安机关如实供述了自己的犯罪事实，小郑的家人也主动赔偿被害人小李的经济损失并赔礼道歉，获得了对方的谅解。如果小郑被指控抢劫罪，那么小郑的情况有可能免予刑罚吗？

法律分析

如我们所了解，不满十二周岁的未成年人不承担刑事责任。已满十四周岁不满十六周岁的人，犯故意杀人、故意伤害致人重伤或者死亡、强奸、抢劫、贩卖毒品、放火、爆炸、投放危险物质罪的，应当负刑事责任。已满十二周岁不满十四周岁的人，犯故意杀人、故意伤害罪，致人死亡或者以特别残忍手段致人重伤造成严重残疾，情节恶劣，经最高人民检察院核准追诉的，应当负刑事责任。已满十六周岁的未成年人实施了法律规定的犯罪行为，构成犯罪，需要承担刑事责任。所以在相应的刑事责任年龄以下的未成年人犯罪不被追究刑事责任，可以免予刑罚。

那么，法律对于应该被追究刑事责任年龄的未成年人又是否有宽恕呢？根据《刑法》第十七条的规定，对于依法被追究刑事责任的不满十八周岁的人，应当从轻或者减轻处罚。此外，《刑法》第三十七条规定：“对于犯罪情节轻微不需要判处刑罚的，可以免予刑事处罚，但是可以根据案件的不同情况，予以训诫或者责令具结悔过、赔礼道歉、赔偿损失，或者由主管部门予以行政处罚或者行政处分。”可见对于所有人，都有免予刑事处罚的情节，未成年人更不例外。

《最高人民法院关于审理未成年人刑事案件具体应用法律若干问题的解释》第十七条规定：“未成年罪犯根据其所犯罪行，可能被判处拘役、三年以下有期徒刑，如果悔罪表现好，并具有下列情形之一的，应当依照刑法第三十七条的规定免予刑事处罚：（一）系又聋又哑的人或者盲人；（二）防卫过当或者避险过当；（三）犯罪预备、中止或者未遂；（四）共同犯罪中从犯、胁从犯；（五）犯罪后自首或者有立功表现；（六）其他犯罪情节轻微不需要判处刑罚的。”所以当未成年人的行为已经构成犯罪，但犯罪情节轻微、态度良好并具有以上法定情节时，依法不需要判处刑罚的，可以免予刑事处罚。

21 未成年人杀了人会被判死刑吗？

情景再现

2019 年 10 月 24 日，十岁的小淇在美术班补课结束后，十三岁的男孩小蔡将其带至家中，想要与其发生性关系。遭到拒绝后，他残忍地将小淇杀害，并抛尸在住处对面的灌木丛中。在案发四天后，公安机关裁定，对小蔡收容教养三年，当时警方称这已经是在法律框架内，对未成年的小蔡作出的最严厉处罚。一审法院判行凶少年小蔡父母公开赔礼道歉，赔偿损失128万余元。①

法律分析

十三岁男孩杀人案在社会上引起关注，大家纷纷发问：为何手段残忍，还有强奸未遂行为，案发后态度嚣张拒绝向家属道歉的小蔡仍可以逃脱《刑法》的制裁？其实这都与小蔡的年龄有关。2020年修正前的《刑法》第十七条规定："已满十六周岁的人犯罪，应当负刑事责任。已满十四周岁不满十六周岁的人，犯故意杀人、故意伤害致人重伤或者死亡、强奸、抢劫、贩卖毒品、放火、爆炸、投毒罪的，应当负刑事责任……"虽然小蔡无论是身形、心理状态还是实施的犯罪行为，都超过了公众对十三岁孩子的认知，但是他离十四周岁还差两个月，在法律上依然属于无刑事责任能力人，所以无法追究其刑事责任。

对于未成年人犯罪，法律之所以网开一面，是因为考虑到未成年人的心智还不够成熟，还不完全具备辨别是非的能力。但部分低龄未成年人犯罪案件中，行为人的手段极其残忍恶劣，造成了严重不良后果与影响。2020年修正后的《刑法》将刑事责任年龄下调至十二周岁，对情节恶劣的低龄犯罪者绝不姑息。

---

① 参见《警情通报：大连公安对杀害十岁女孩的十三岁男孩蔡某某进行收容教养》，载东方网，http：//news. eastday. com/s/20191025/u1ai20096165. html。

另外，根据《刑法》第四十九条关于死刑的适用对象方面的规定："犯罪的时候不满十八周岁的人和审判的时候怀孕的妇女，不适用死刑……"所以未成年人杀人不论年龄，都不会被判死刑，司法机关将根据犯罪人的年龄段来确定是否需要承担刑事责任。未成年人的身心尚未发育完全，不具有完全的是非辨别能力，国家法律给了未成年人改过自新的机会，但也绝不容忍未成年人的恶劣行为，会对犯罪的未成年人施以适当的惩戒。

图书在版编目（CIP）数据

青少年法律知识实用问答 / 张扬，唐艺娟著. —北京：中国法制出版社，2021.9（2025.8 重印）
ISBN 978 - 7 - 5216 - 2058 - 0

Ⅰ.①青… Ⅱ.①张… ②唐… Ⅲ.①法律 - 中国 - 问题解答 Ⅳ.①D920.5

中国版本图书馆 CIP 数据核字（2021）第 144687 号

责任编辑：王佩琳　　封面设计：杨鑫宇

青少年法律知识实用问答

QINGSHAONIAN FALÜ ZHISHI SHIYONG WENDA

著者/张扬　唐艺娟
经销/新华书店
印刷/北京虎彩文化传播有限公司
开本/880 毫米×1230 毫米　32 开　　印张/ 7.5　字数/ 119 千
版次/2021 年 9 月第 1 版　　2025 年 8 月第 6 次印刷

中国法制出版社出版
书号 ISBN 978 - 7 - 5216 - 2058 - 0　　定价：28.00 元

北京市西城区西便门西里甲 16 号西便门办公区
邮政编码：100053　　传真：010 - 63141600
网址：http：//www. zgfzs. com　　编辑部电话：010 - 63141798
市场营销部电话：010 - 63141612　　印务部电话：010 - 63141606

（如有印装质量问题，请与本社印务部联系。）